子ども と
お金の
話をしよう

木岡克幸

はじめに

お金とは何か

お金とは一体何でしょうか。お金はお金だ、何を言っているんだ。と言われそうな気もしますが、実はお金の定義を探ると色々な解釈がされていることが分かります。見る人によってお金の捉え方が違うと言ってもいいと思います。ちなみに、お金と関係の深そうな政府・日本銀行の関連団体である金融広報中央委員会では、お金を次のように定義しています。

「取引の際に、商品の交換手段として使用され、人々の間で通用するようになったもの。貨幣は通貨とか、日常的には「お金」とも呼ばれている。いずれもその意味はほぼ同じであるが、貨幣は商品やサービスの円滑な交換や流通のための物体・媒介物という意味が強い。貨幣には3つの機能（価値尺度、交換・流通手段、価値貯蔵手段）がある。これに対して通貨とは、流通する貨幣という意味があり、貨幣の交換や流通の手段としての機能を強調する時に使われることが多い。」

さすが、金融広報中央委員会様。正確な説明かつ知的な表現が散りばめられ、結果的に何のこっちゃ…です。そこをぼくなりに頑張って彼らが何を言いたいかを勝手に要約すると、こんな感じでしょうか。**「何かと何かを交換する時に必要で、モノやサービスの価値を〝値段〟として表現もできるし、おまけに貯めることもできる便利なツール」**

ここまで要約すると、ふむふむと思われるでしょうか。

さらに難しいお金の議論もあります。経済学者の方々はお金について〝貨幣論〟ということで、「お金とは何か」を深く学問として追及しています。立場によって異なる学説があり、それを商品貨幣論と言ってみたり、信用貨幣論と言ってみたり、学者の中でも「お金とは何か」の結論はまだ出ていないように思われます。お金の奥は本当に深そうですね。

そして、逆にもっと浅いところでは、「お金とは何か?」について明快な答えを持っている人がいます。それはぼくであり、ぼくの友人たちもそうかもしれません。居酒屋でぼくの友人に「お金とは何か?」と尋ねると、おそらく友人はこう答えます。「よう分からんけど、金欲しいわ」と。そう、「お金とは何か」のもっとも簡単な答えは、みんなが欲しがるもの、そしてぼくも欲しい、ものなのです。

今でこそ多少の余裕ができて、こんなことを冷静に文章にしていますが、学生の頃や働き出して間もない頃はとにかくお金、お金でした。お金がないと生活ができないので、お金＝生きていくために必要なもの＝とにかく沢山欲しい。という、ある意味当然でものすごくシンプルなお金に対する考えがありました。生きていくために必要という意識が強すぎて、お金のために必死で働いた時期もありました。お金が無いと生きてはいけないし、そのために仕事をするのは当然のことです。しかし、働き出して十数年、ぼくはある日ふと気づいてしまいました。「仕事ってしんどいな。でも、お金ないと困るし、しんどいけど頑張らなあかん。ん？でも冷静に考えたら今は昔に比べて多少お金あるよな。よく考えたら今持ってるお金で向こう数年は働かんでも生活できるよな…。いやいや、でも給料ないとかやっぱり不安やし考えただけで怖い。老後もあるし、一回仕事辞めてプー太郎になったら、もう復帰できるかどうかも分からんし。でもやっぱり…、何とかなるんちゃうかな…」

モヤモヤしながらもおそらくこの時こそが、お金から自由になった瞬間でした。学生時代から若手会社員の頃はお金に固執し、必死に働き、勿論仕事のやりがいなども一定はあったものの、やはり〝お金が欲しい〟という意識が強かったように思います。言わば、ぼくはお金の奴隷になっていたのかもしれません。

金融広報中央委員会が言うように、**本来お金は、「ただの交換手段」にすぎません。**ぼくはその交換手段の奴隷になっていたようです。本来お金自体には価値が無いはずですが、偉い人たちが言うように、例えば、何かのモノを買う時や、税金を納める時のように一定の条件下ではその価値を発揮します。お金のすごいところは、その価値を発揮する場面が、この世の中では無限にあること。言い換えれば、**世界はお金が無いと機能しないし、現時点ではお金の無い世界をつくることはかなり難しい**ということです。そんな凄まじいパワーを持つお金ですから、当然、ぼくたち人間にとって大きな意味を持ちます。本来はただのツール（手段）なのに…。

働き出したぼくが、ある日ふと気づいたように一定のお金が手元にあれば、お金からの奴隷解放宣言ができるチャンスがあるかもしれません。それは人によっては何千万円も必要無い現実的なお金です。お金に対してストレスなく付き合うことができれば、人生はかなり開けてくると思います。そもそもストレスなく働いておられる方はいいのですが、大変な思いをしながら働き、心身を壊してしまう人を見るといつも何とも言えない辛い気持ちになります。そんな方の多くは、働かないとお金が稼げない、なので働くしかない、と言います。しかし、それこそ本末転倒というか、生きる手段であるはずのお金が目的化して体や精神を壊してしまう…。それで最悪の事態にまで行くようなことがあれば、後悔してもしきれません。繰り返しますが、**お金はただのツー**

ルですので、お金のために命をかけるようなことはあってはなりません。

そうは言っても、所詮は高みの見物だ。一部の裕福な人間の価値観だということもよく言われます。しかし、お金持ちでなくても、収入が高くなくても毎日を充実して幸せに人生を送っている人がいることもまた事実です。確かにお金は多くあればあるほど安心ですし、生活に困ることなく良い家に住んで、美味しいものを食べた方が幸せそうに見えます。ですが、それだけが幸せの基準でしょうか？というところから問い直してみることが大切だと思っています。

お金にはある種の魔力があります。「だから際限なく欲しい」となった瞬間に、終わりです。ぼくの好きな将棋の言葉で言うと、人生〝詰み〟です。そうではなくて**限られたお金でどう幸せになるか、自分はどれくらいのお金があれば幸せに生活を送ることができるのか、をしっかりと考えた上でお金と付き合う**ことがとても重要だと思います。そうは言っても、最低限のお金が無いと困ることも事実です。この最低限をどうクリアして、大金持ちでなくてもお金の心配をすることなく日々の生活を豊かにすることができるのか、お金から自立して自由でいられるのか、そのヒントをこれから一緒に紐解いていきましょう。

●目次●

第6章 その1万円は本当に1万円？

第7章 色々な投資

第8章 お金のプロも未来は読めない

第9章 幸せな人生とは

第1章

お金の学びを考える

子どもとお金の話をしよう

この本のタイトルは「子どもとお金の話をしよう」です。この本を読んでいただいた大人の方々には是非、ご自身なりに整理した考えを子どもたちとお話する機会を持って欲しいと思っています。日本においては、私たちのような現役世代もそうですが、子どもたちの世代にもまだまだ確固たる金融教育が施されていないのが実情です。ぼくは、**本当に正しい金融リテラシーを獲得すべきは、一部の資産家や常に市場と向き合っている専門家ではなく、金融に馴染みの無い現役世代の方であり、その子どもたち世代だ**という想いを常日頃持っています。そして、ぼくが考えるその〝正しい金融リテラシー〟とはただのテクニック論ではなく、誰にでも実践できる普遍的なお金に対する考え方を指します。

当然ですが、将来の日本や世界を担っていくのは子どもたち世代です。その子どもたちが将来、お金のことが原因で人生を諦めたり絶望したりすることが無いよう、しっかりと我々大人が学ぶべきことを学び、そしてその学びを子どもたちに還元していくことが重要です。子どもたちの学びとその将来をサポートするにあたっては、色々なアプローチがあると思いますが、ぼくの専門分野である金融で少しでも役に立ちたい。そういう想いも込めてこの本のタイトルを「子どもとお金の話をしよう」にしました。この本を通して、お金と正しく向き合い、お金に縛られない思考を大人と子どもでお互いに醸成していくきっかけになれば幸いです。

いつから子どもとお金の話をすべきか

皆さんはお金のお話を子どもとする機会はあるでしょうか。または、ご自身の子ども時代に家族の方とお金の話を日常的にしていたことはあるでしょうか。お前はいきなり何を聞いてくるんだ、という方が殆どかと思いますので、まずは簡単にぼくの自己紹介からさせてください。ぼくは2024年現在、おかねマネージという可愛らしい名前の会社で金融教育に取り組んでいます。様々なお客様を対象として活動をしていますが、特に事業の柱となっているのが小中学生から高校生向けの金融教育です。なぜそのような事業活動に至ったかを簡単に説明すると、新卒入社した会社以降一貫して金融機関に勤め、主に証券会社、投資運用会社でキャリアを積んできました。会社員時代を通じて、自分自身が一定の金融リテラシーを身につけた結果、金融的な知識や発想を持つことがいかに有意義であるかを実感し、そのような金融的な知識や発想は金融に馴染みの無い人にこそ必要なのではないかと思い、正しい金融教育を追求し広げていくために2021年に会社を辞めておかねマネージを設立しました。

最初の質問、「お金のお話を子どもとする機会はありますか」に話を戻すと、ぼく自身は少なくとも子ども時代に家族とお金の話をすることは殆どありませんでした。一方で、時を経て自分が大人になりましたが、金融教育を生業にしているという自分自身の仕事柄もあって、自分の子どもとは家庭内で可能な限りお金の話をするようにしています。**お金は生活と切っても切り離せない存在ですので、子どもにとっても大切な存在です。興味を持って積極的に考えることで、身近な生活に活かすことができ、世の中全体の見え方が変わってきます。**小さい頃から日常的に、様々な角度でお金の話をすることで色々な可能性が広がります。

ぼくが子どもと積極的にお金の話をしようと思ったのは、子どもが保育園の後半になった頃からでしょうか。

若年層に対する金融教育の仕事をしていると、お客様からも一体何歳くらいからどのようなお金の話をすれば良いのか…という話題がしばしばあがります。様々な専門家の方が色々な意見をお持ちだと思いますが、ぼくの意見としては、何かを買うためにお金が必要という概念が何となくでも分かればもうお金の話は積極的にしていいのではないかと考えています。**具体的には5、6歳以降であればもう〝買い物〟の概念は何となくでも理解できる子が多いので、その辺りが一つのラインになるでしょう。**この辺りまでは、〝金融教育〟と言うと大袈裟なので、家庭内でモノやサービスの対価としてお金が必要になることなどをフランクに話して、**お金を渡す時や受け取る時には感謝の気持ちを伝える**とか、そういったある意味当たり前のことを子どもたちに伝えていくのが良いと思います。

当たり前と言いましたが、よくよく思い返してみれば、大人でもうっかりその〝当たり前〟を失念することは大いにあります。大人たちが自分への言い聞かせも含めてそのような会話を日常的にすることはとても大切です。ちなみに、ぼく自身が自分の子どもに対して、「お金を渡す時や、受け取る時には感謝の気持ちを伝えるんやで」と言い続けた結果、やはり自分でも普段から意識するようになりました。例えば、ぼくは御茶ノ水に行くためによく都営バスに乗る機会がありますが、バスに乗る時にはICカードをピッと当てて、運転手さんに「(感謝の気持ちを込めて)、お願いします」と言うようになりました。(周りであまり言う人がいないので少し恥ずかしいですが…)そして、降りる時がもっと恥ずかしいのですが、出口からかなり遠い運転席の運転手さんに向かって声を張って「ありがとうございました!」と言うようにしています。(出口と運転手さんとの距離が、ぼくの感謝の気持ちを試してきます。)お金の対価としてサービスを受ける側、提供する側、どちらもお金の移動があった時に感謝の気持ちがあるということは、とても気持ちがいいものです。正直、一人暮らし時代も含めて、この東京砂漠に住み続けていた以前のぼくには無かった習慣です。しかし、子どもにお金のことを積極的に話すことによって、自分への学びにも習慣にもなった良い例かなと思います。

フランクなお金の話をするのは5、6歳以降でもOKということにしましたが、具体的に〝金融教育〟というか**少し知識や考えを伴う会話や教えをするのに適切な年齢は何歳くらいかと言うと、小学校中学年（3・4年生）以降であれば十分色々な話ができるの**ではないかと考えています。実際、仕事の現場では未就学児から高校生まで様々な年齢層の子どもたちと話をする機会がありますが、小学校中学年以降であれば十分に色々な話を興味と理解を伴って聞いてくれます。勿論話す内容やテーマ、子どもそれぞれの個人差はあるでしょうが、一つの目安として考えていただければと思います。

また、そのように小さい頃から日常的にお金にまつわる話をすることで、お金に対するアレルギーを少しでも取り除き、自然体でお金と向き合える子どもになって欲しいと思っています。前述の通りですが、ぼくの場合は幼少時代には、家庭内で殆どお金の話は出てきませんでしたし、学校でもお金の話をされた記憶は無いので、社会人になるまで全くと言っていいほどお金に対しては無知でした。私の場合は幸か不幸か、金融機関に就職したので、否が応でも最低限の金融リテラシーのようなものが身につきましたが、当然ですが皆がみんな金融機関に就職する訳ではありません。そうした場合には「お金のことに対してアレルギーがある…」「金融？ぜんぜん分からない…」となる可能性もありますので、やはり日常に溶け込むような感覚で自然と子どもとお金の話をするのは大切になります。「いやいや、そんなことを言われてもどんな話をしたらいいんだ」という疑問は大いにあるかと思います。そこで、今後の章では子どもたちとお金の話をするためのヒントを色々な話題をもとに考えていきます。その中で大人の皆さんの学びや気づきになるようなこともあれば幸いです。

お金にまつわる人生の機会損失を防ぐ

日本でもようやく政府主導で金融教育を推進する流れになってきました。金融教育と言えば、それまではどちらかと言えば民間主導のもので、ある種少しバイアスのかかった金融教育だったかもしれません。では、なぜ今政府主導の金融教育の機運が高まっているのでしょうか。日本全体の視点でみると、預貯金で眠っているだけの莫大なお金を流動化させ、投資に向かわせて日本の資本市場をもっと活性化させたいという期待。または、個人が正しい金融リテラシーを身につけることで、自然と金融機関側の対応も変わらざるを得なくなり、日本の金融機関が良い緊張感をもって適切なサービスで競争をしてくれるという期待。等々いくつか挙げられます。

一方で、個人側からの視点でみると、少子高齢化、厳しい社会保障事情や、年金の先細り、政府の増税マインドが続く中で、デフレが当たり前のように続くことによって、私たち個人は低金利に慣れてしまい、銀行に預貯金をしていただけでは増えない時代を当たり前のように受け入れてきました。しかし、これからは**個人の資産については個人の責任で、能動的に関与していってください**、という国からの強いメッセージとして、政府主導の金融教育が進められている背景もあるのだと思います。ということは、必然的に低金利に慣れてそれを甘んじて受け入れてきたマインドの変革ということで、〝投資〟がキーワードになります。ですので、巷に広がっている金融教育はほぼイコールで、今まで国や学校が積極的に教えてこなかった〝投資教育〟がメインになる傾向があります。

ぼく自身も投資運用会社出身で、投資の良さを理解しているつもりです。実際にこの本でも後半では投資について熱く語る予定ですが、ぼくの考える金融教育はほぼイコールで〝投資教育〟ということにはなりません。こちらも詳細は後々お話できればと思いますが、ぼくの考える金融教育の目的の一つには、「機会損失を防ぐ」ということがあります。

資産増大を目的として、正しい投資の知識を得て将来に備えよう、と言うとあまりにも表面的な気がします。勿論それも大事なのですが…。**何のための金融教育なのかと言うと、突き詰めれば個人個人が幸せで豊かな人生を全うするための一つの手助けになる**、ということが最大の目的です。そこには確かに投資のノウハウも含まれているかもしれませんが、それが全てでないことは言うまでもありません。

金融庁などは〝金融リテラシー・マップ〟と呼ばれる、どのような年齢でどのような知識を身につけているのが望ましいかの指針を示しています。内容を確認するとテーマは多岐にわたり、その目標とする教育内容が投資一辺倒では無いことがわかり少し安心する一方で、この金融教育ブームともいえる潮流に乗ろうとして金融機関は勿論、どう見ても金融教育に知見の無さそうな主体が、ビジネスとしてこの流れをとらえる動きも激しくなってきています。その場合は言うまでもなく、金融教育＝投資教育の文脈で語られがちです。なぜなら、そうした方がビジネス・お金になり易いからです。

ぼくは投資一辺倒では無い正しい金融教育を通じてしっかりと考え方を身につけていけば、人生での様々な機会損失を減らすことにつながると考えています。例えば、似たような人生を歩んでいたと思ったのに、なぜあの人と私は全く違う結果になってしまったのか…。世の中にこんな仕組みがあるとは知らなかった、知っていればもっと違ったチャレンジをしたのに…。などのように、「今さら知ったけど、これをもっと前に知っていれば…」みたいなことはよくありがちです。多くの場合、こういう**機会損失が発生する原因はその個人個人の能力がうんぬんということではなく、知識として知っていたか知らなかったかで決まってしまいます。**

まさにこういうことを減らすことに正しい金融教育が一役買うのではないかと思っています。正しい金融教育の目的は、投資のテクニックなどのお金の増やし方がメインになる訳ではなくて、例えば世の中全体のお金の流れを知ることや、特定の金融商品ではない広い意味でのリスクとリターンを理解すること、働くこととは一体どういうことなのか等々を幅広く理解することです。そんな幅広い、金融にまつわる考え方を人生にも応用させて、「今さら知ったけど、これをもっと前に知っていれば…」みたいな機会損失を防ぐことが重要なのではないかと思います。

金融機関すらも騙してくる？

先ほど少し金融機関の行う金融教育について触れましたが、土地勘の無い方にとっては、「金融機関なんだから、金融教育をするのであれば当然良い教育内容を提供できるのではないか」と思われる方もいるかもしれません。しかし、残念ながら実情はそうではないことが多いようです。水戸黄門様もびっくり、〝金融教育という印籠〟を持って騙してくる、と言うと少し大袈裟かもしれませんが、実際には**金融機関側が知識の乏しい個人を狙い撃ち、多くの収益を得る、というビジネスの構図は往々にしてあります。そして金融教育がその道具にならないか常に疑ってかからないと厄介**なのです。勿論金融機関は純粋な営利企業ですし、営利を求めて様々な施策を打ってくること自体には問題が無いかもしれません。しかし、いわゆる情報の非対称性を利用して、本当に顧客のためになるかどうか分からない謎めいた金融商品を販売することについては誰もが違和感を抱くところではないでしょうか。正しい金融リテラシーを個人個人がつけてしまうと、今まで売れていたものが売れなくなってしまう未来予想が容易に立ちます。したがって、金融機関が「金融教育をします！」といってもどこかピュアでない、もっと分かり易く言うと、ポジショントークが入るような教育内容になってしまうことが懸念されます。この情報の非対称性に関しては、実際に約十数年間、金融機関に身を置いた人間として、違和感を持ち続けて仕事をしていたことも事実です。**会社として利益の出易い商品ほど、顧客のためにならない。反対に、会社としてはほぼ利益が無い商品ほど顧客の利益に資することが多い。**簡単に言えばこのような構図です。

繰り返しですが、金融機関はボランティア団体でもNPOでもなく、立派な営利企業です。したがって、自分たちの収益を追い求めて次々と複雑な金融商品を開発しても、しっかりと説明責任を果たせば何ら問題無い行為です。問題はそこに顧客の利益もしっかりと伴っているかどうかなのですが、残念ながらその視点が欠けていることが多いのです。昨今の金融教育という名のビッグウェーブに対して、ぼくがひそかに期待しているのは、個人個人が正しい金融リテラシーを身につけることによって、以前のように金融機関側が謎めいた商品をこれ以上売らなくなる、そしてそのような商品をこれ以上開発しても無駄である、と認識するようになることです。金融機関と顧客との情報の非対称性が限りなく無くなって、お互いにとって有益な関係になれることが理想です。そのためにはいくつかのハードルもあるでしょうし、金融機関側からするとその過程で今まで出せていた収益を維持できなくなり、最悪の場合は存続を危ぶまれるケースも出てくるのかもしれません。しかし今までの構造がある意味いびつだった訳で、それが正されることは歓迎すべきことだとぼくは思います。それこそ営利企業なのですから、顧客にサービスが行き届かず、顧客から愛想をつかされるようでは企業としては存続する意味が無いはずです。

もう一つ期待したいのは、金融機関がこの流れを理解して、本当に顧客との関係性を大切にしようと思った結果、バイアスの無い金融教育を行ってくれることです。現状では銀行、証券会社、保険会社、不動産会社などそれぞれのポジション、立場を背負った教育内容にならざるを得ないと思うのですが、そうではなく横断的に、時には自分の立場には不利なことでも嘘偽りなく伝えるというようなスタンスの金融機関が現れてくることを願っています。逆説的ですが、顧客から本当の信頼を勝ち取るのは、そのような金融機関ではないでしょうか。ここで、顧客である私たちにとって、この金融機関が言っていることはバイアスが無いのか?どこかポジショントークが入っていないのか?と判断する基礎的な考え方が重要になります。その基礎的な考え方はこの本でカバーしますので、ご安心ください。

自分で判断できる力をつける

ぼくの考える、金融教育の大きな目標は「個人個人が幸せで豊かな人生を全うするための一つの手助けになること」です。そのためには大人も子どもも基本的には、自分自身で色々なイベントに対して判断できる力をつける必要があります。人生は小さなものから大きなものまで、選択と判断の連続です。人生を歩んでいると断続的に続くその選択と判断に対しても正しい金融的な知識が少なからず効果を発揮するとぼくは考えています。

何かを判断する時に金融教育が直接的に役に立ちそうな例でいえば、当然ですが、金融商品の選択というものが挙げられるでしょう。例えば住宅ローン。日本人は借金に対するアレルギー反応が強い割には、住宅ローンに関しては意外とすんなり契約します。〝住宅ローン〟とちょっとそれっぽく言い換えていますが、中身は何の変哲もない純粋な〝借金〟です。果汁100%ジュースよろしく混じり気なしの借金にも関わらず、なぜか契約してしまう住宅ローンに関しても、納得して判断できているかが重要です。当然、住宅ローンを提供する側はビジネスですから、可能な限りネガティブな情報を控えてメリットを強調したセールストークになるでしょう。その場ではそれで納得したとしても、市況が急変し契約時には思いもよらなかった事態が発生した時に自分自身が納得できるかどうかです。納得できるのであれば何の問題も無いのですが、「セイセイセイ。聞いてた話と違うじゃないか。」となった時にはもう手遅れです。住宅ローンという借金を背負う重要な判断の時に、自分主体ではなくセールスの人に頼って判断をしたツケともいえるかもしれません。

これは分かり易い例ですが、例えば子どもでも同じようなことは日常的に起こっているはずです。自分のお小遣いでゲームなどを買う時、「友達の誰々がおもしろいよと言っていたから買ったのに、全然おもしろくなかった。」親が「これは良くないものだから、触れるな。我慢しろ。」

と言っていたのでその通りにしたら、実はすごく有益なもので自分だけ周りから取り残された。

どちらも子どもにとっては判断を自分主体ではなく第三者に委ねた結果、思わぬ展開を招くケースです。重要なのは最終判断を下す時には、そのような外部情報を整理して、自分が主体的に考えて判断を下すことです。かくいうぼく自身も、**何かを判断する時にはネットで徹底的に調べますし、その分野で知見のある人に意見を求めます。ですが、最終判断はあくまで自分でします。そして、ぼく自身の経験から、最低限の金融的な発想が、意外にも人生の断続的な選択と判断に対してある程度の納得感をもたらしてくれます。**ぼくの場合は金融的な発想が身についたのが社会人以降でしたので、可能であればもっとはやく原理原則を理解していれば良かったと思います。是非、この本を手に取って読んでいただいている方々には、ご自身は勿論子どもたちにも金融的な発想が自分で判断できる力を養うんだよ、ということを伝えてあげてください。

◇第1章のまとめ

■子どもと身近なお金の話をするのは5～6歳からでもOK。知識や考えを伴う内容の話も小学校3～4年生から十分できる。

■金融教育は幸せな人生を送るためのサポートツールであり、単なる投資教育ではない。

■知っているか知らないかでの機会損失は存在する。

■金融機関と個人には情報の非対称性がある。

■自分で納得して判断できることが大切で、そのために金融リテラシーが役立つ。

コラム　騙し続けた証券会社時代

ここで少し息抜きタイムを。この本では毎章の最後にこうしてコラムという形で、主にぼくの実体験などを踏まえて雑談のような取り留めもないお話をさせていただきます。この章でのコラムは、ぼくが新卒で入った証券会社時代の話です。時を遡って大学時代。いよいよ就職活動の時期が来ても、ぼくは客観的に見て周りからは遅れをとっていた状態でした。食品業界や航空業界を中心にチャレンジしていましたが、どこからも内定を頂けず最終的に拾ってもらったのが新卒で入った証券会社でした。希望業界からも分かるように当初は全く想像もしていない業界で、最終的に決めた理由は「他にどこも内定が取れなかったし、もうこれ以上就活は嫌だし、説明会で〝頑張れば給料は青天井だ〟と言っていたし、やりがいがありそう」くらいのかなり浅はかなものでした。今思えば、この時その証券会社に拾ってもらっていなければ、今こうして金融教育に取り組むことはなかったでしょうし、内定を貰えたことに感謝しています。そして、期待に胸を膨らませて意気揚々と入社するも、その後一年足らずで辞めてしまうことになるのですが…。入社して、まず大阪のある支店に配属され、個人営業をすることになりました。仕事の中身はと言うと、ひたすら飛び込み営業とテレアポです。新卒社員は支店の既存顧客を割り当てられることはなく、基本的には新規開拓です。

扱う商品は、株式や債券、投資信託など多岐にわたっていましたが、基本的には支店から毎月毎月「これをいくら売れ」という目標が出て、営業担当者はその特定の金融商品の販売に奔走します。ただ新卒社員の大きな問題は、そもそも既存顧客がゼロですから新規開拓が成功しないとその商品を販売する相手がいないことです。ということで、来る日も来る日も大阪の街を練り歩き、個人宅にピンポンして不在であれば、チラシと名刺のポスティング。在宅の場合も「どなたですか？」「〇〇証券会社の木岡と申します。」「証券会社？いらんわ。忙しいねん。帰れ。」ということの繰り返しです。

よくある話ですが、100件アプローチして1件話を聞いてくれたらいいかなという感じでした。初めのうちはモチベーション高くやっていたのですが、そのうち心が折れだします。来る日も来る日も飛び込みとテレアポを繰り返しますが、思うように成果が出ません。だんだんと、一本の電話をかけること、一回のピンポンを押すことに精神的な負担が重くのしかかります。「一応、子どもの頃からそれなりに勉強もして、それなりの大学にも親に出してもらって、ぼくは今一体何をしてんねやろ」とお昼休みに大阪の天神橋筋商店街近くの公園で苦悩していました。ぼくが血を吐く思いで仕事をした対価である給料で買った、虎の子のコンビニ弁当を鋭い視線で狙ってくる鳩に対して怒りで追いかけまくったこともありました。ちなみに同じように公園のベンチで座ってボーとしている人たちは皆、目が死んでいました。大阪のビジネスアワーの昼下がりの公園は負のオーラで満ちていました。

ぼくが苦悩するのには大きく2つ理由がありました。1つは同僚で既に成果を上げ始める人がいたこと。新卒なので、一斉によーいドンで営業がスタートしますが、厳しい環境でも結果を残す同僚はいました。数か月経つと徐々に成績に差が開き始め、一年経った頃にはもう埋まらない差になっていたことを覚えています。そのような現実がぼくの苦悩の原因になっていたのです。2つ目は、飛び込み営業に行った時のお客さんの過剰なまでの拒絶反応でした。ピンポン後に怒涛の勢いで追い返されて「いやいや、犯罪者みたいな扱いしてくるやん…」くらいに思ったことも多々ありました。追い返されても名刺とチラシのポスティングは必ずして帰るのですが、名刺にかかれたぼくの名前宛で支店に大量の羽毛布団の通販発注がされたこともありました。おそらく飛び込み営業先の人からの嫌がらせです。なぜ、そういうことになるのかを少し考えてみると、特に年配の方々は、基本的に証券会社は信用できないという考えがあったのだと思います。

今になってよくよく考えてみれば、普段から上司の指示で販売している金融商品は、全く顧客目線に立っていないものが殆どでした。ですが、当時は自分自身にそもそも知識が無いため上司の「これは本当にお客様のためになるんだから、売って売って売りまくれ」という言葉を真に受けて営業をし続けていました。毎月のように登場する新しい金融商品の特徴を頭に叩き込み、セールストークを覚え、それを飛び込み営業やテレアポで実践する。しかし、その商品は会社の収益目線でしか設計されていないので、顧客目線が欠けています。それをピュアな新人営業たちが精神的に追い込まれながらも、汗水たらして販売する。一体誰が得をしているのでしょうか。まあ、会社だけですよね。そうして、ある意味お客様を騙し続けて販売して収益を上げるビジネスモデルにぼくがついていけなくなったことが、公園の鳩に八つ当たりした最大の要因なのかもしれません。顧客のためにならない商品を販売する自分を騙し騙し許容するのも苦しかったですし、直接的にお客さんを騙すような商品を売ること自体にも限界を感じて、結局証券会社を去りました。期待に胸を膨らませて意気揚々と入社してから、わずか一年後の春のことでした。

第2章

お金が無くても生きていける？

生きていくために必要なお金はいくら？

いよいよ本章からは具体的な話を交えながら、色々な角度でお金の学びについて考えていきたいと思います。

第2章のテーマは、「お金がなくても生きていける？」ですが、ぼくの回答としては「無理や、お金なかったら死ぬわ」となります。それだけですと「いやいや、何を当たり前のことを言うとんねん」ということになりますので、ここでは、この〝お金が無いと生きていけないこと〟を深掘りしていきたいと思います。皆さんも一度はどこかで聞いたことがある「お金なんかなくても生きていける」というキャッチーなフレーズがありますよね。しかし、額面通りに受け取ると残念ながらあれは嘘です。大嘘です。良く考えてみれば当然のことなのですが、ただのキレイごとなのです。

生きていくにはやはり最低限お金は必要ですし、さすがに子どもであっても殆どの子が理解している、ある意味普遍的な事実ではないでしょうか。

特に税の徴収は避けて通れない国民の三大義務に分類されているので、国が公式に「生きるためにお金は必要なんですよ、だから頑張って働きなさい」と言っているようなものです。

私たちは生きているだけで必然的に多かれ少なかれお金はかかってしまいます。ですので、生きていくにはお金がかかることを受け入れて、そこをもう少し深く考えていこうというのがこの章の趣旨です。

そこで、まずは大事なポイントとして抑えておきたいのが生きていくには必ずお金が必要な一方で、「〇〇円のお金なんかなくても生きていける」ということです。「お金なんかなくても生きていける」はただの嘘ですが、例えば「宝くじの一等賞のお金なんかなくても生きていける」ということは往々にしてあり得るということです。言い換えれば、**個人個人によって生きていくために必要なお金については、異なる解が存在する**ということが大事なポイントです。

生きているだけでお金は色々なことにかかりますが、どのようなことにどれだけお金をかけるかは人それぞれです。年間でみると500万円お金を使わないと生きていけない人もいれば、200万円で生きていける人もいます。そこには十人十色、様々な考え方があるのです。よくファイナンシャルプランナーの方が、このイベントにはこれだけのお金が必要ですので、あらかじめ備えるために〇〇をしましょう、的な話がありますが、それも人によってそもそもそのイベントが発生するかも分からないし、発生したとしてもどれだけのお金がかかるかは、やはり千差万別なはずです。多くの場合、彼らは平均値を語っているだけに過ぎないのです。

お金が無いと生きていけないことは事実なのですが、まずその生きるために必要なお金が自分だけの独自の金額としてイメージできているかを確認してみてください。そして、実感してみてください。「ああ、メジャーリーガーのように私は何十億も貰わなくても生きていけるんだ」と。少し大袈裟でしたが、メジャーリーガーの年俸でなくても例えば年収2000万円なくても、1000万円なくても、700万円なくても…と、どんどん現実的なラインを探していってみてください。そして見つけた現実的なラインが、とりあえずは皆さんそれぞれの生活に必要なお金ということになります。子どもたちには「お金なんかなくても生きていける」などとは言わずに、是非包み隠さず現実は伝えてあげてください。**「世の中、お金が無いと生きていけない」と。しかし一方で「どれだけのお金が必要かは一人一人で違うんだよ。」**と。みんな違ってみんないいのです。

◎生活コストを何となくでも把握する重要性

生きるために必要なお金が自分だけの独自の金額としてイメージできるかを確認する、と言いましたがもう少し細かく見ていきましょう。色々な方法があるかとは思いますが、私が実際にやっている簡単な方法を少し紹介します。デジタル化が進み当然のように便利な家計管理アプリの類が無料で使えますが、ぼくは大雑把なタイプですので、結局どれもインストールすると放置しっぱなしで使いませんでした。そこで、たどり着いた方法が、メインで使っている銀行口座の残高を年に一回確認する、というものです。

確認方法はいたって簡単で、年末に銀行口座を見て、年初からいくら減ったか増えたかを確認します。（年末残高ー年初残高）が増えていれば黒字の生活、減っていれば赤字の生活ということになります。とにもかくにも自分の生活は黒字なのか赤字なのか、最低限ここは把握しておきたいところです。黒字であればさして問題無いかもしれませんが、赤字の場合は自分の稼ぎよりも多くのコストを払って生活をしている状態なので、少し心配です。その状態が続くといつかどこかで破綻してしまいますので、コストを減らすか稼ぎを増やすかで解決していかなければなりません。赤字の場合は、大雑把になりすぎるのも不安ですので、ここでは少し細かくブレイクダウンして気にかけてあげるだけでコストの原因があぶり出されるかもしれません。

そうしてだんだんと、自分オリジナルの必要なお金が見え始めたところで、こんなふうに考えるパターンが出てくるはずです。

①　今の収入で、毎年残高が増えているから十分。

②　今の収入で、毎年残高が増えているが、不安。もっと増やしたい。

③　今の収入で、毎年残高が減っているから不安。

順番に見ていくと、

①の人は基本的にノーアクションで大丈夫だと思います。今の収入に対してかかっているコストも小さく、本人もそれで充実しているのであれば満点です。

②の人は、今の収入に対してかかっているコストは小さいのですが、結果として残るお金に不

満があるようです。この場合は先ほど申し上げたように、節約などでさらにコストを削るか、収入を上げるか、ということになります。節約が苦手であれば転職などをして給料を上げるという選択肢が入ってくるかもしれません。

③の人に関しては、そもそも収支がマイナスですので、やはり節約などでさらにコストを削るか、収入を上げるか、ということになります。

ここで加藤一二三先生よろしく、あれれ??おかしいですよ??と思われた方がいるのではないでしょうか。そうです。②の人は黒字なはずなのに、結果として赤字の③の人と同じようなアクションを取ることになります。仮に①も②も同じ収入だとして、二人とも黒字なのに人それぞれの考え方で満足感を得る人もいれば、不満を覚える人もいます。②の人は黒字なのに、なぜか③の赤字の人と同じような悩みを抱えることも抑えておきたいポイントです。

1年間の収支と満足度は？

① 収入 − コスト ＝ 黒字で満足 ⇒ その調子で

② 収入 − コスト ＝ 黒字でも不安 ⇒ 収入アップ or コストダウンを

③ 収入 − コスト ＝ 赤字で不安 ⇒ 収入アップ or コストダウンを

②は黒字でも考え方次第で
③の赤字の人と同じアクションが必要

これは、子どもたちにとってより身近な話題なのかもしれません。例えば同じようなお小遣いを貰っていたとしても、その現状に満足する子としない子がいるはずです。満足している子はまあ良いとして、していない子には是非コスト（お金の使い道）を意識させてあげてください。そのコストが本当に必要なコストなのか、なくてはならないものなのかを一緒に考えてみてください。もし必ず必要なコストという結論であればそれ以上は削れません。その場合、お小遣いアップを目指すのが合理的ですが、どうすればお小遣いが上がる可能性があるのか、そこで大人と子どもの駆け引きも発生すると思います。家事や勉強、習い事での成果の対価としてお小遣いアップ等々あるかと思います。

自分にとって、今の生活コストが収入の範囲内かどうか、そこに満足しているかどうかで取るべきアクションを確認することが重要なのです。

◇第2章のまとめ

■生きていく上でお金は必ずかかるが、かかるお金は人それぞれ。

■自分はどれくらいの生活コストで充実して生きていけるかを考えてみる。

■収支バランスを確認し、現状お金に不安がなく幸せなのであればOK。

■黒字でも赤字でもお金に不安があればコスト削減か収入アップなどのアクションを取る。

コラム　15年前のワンルームマンションに住む自分へ

拝啓

15年前のワンルームマンションに住む自分へ。

中野坂上の木造三階建ての三階に住み、エレベーターも無いので暑い日も寒い日も階段で上り下りし、夏のある日、その階段に威風堂々とゴキブリが立ちはだかって、自分の部屋への唯一の道を閉ざされ恐怖に怯えながら助けを呼んでいますか。社会人になりたてで新しい仕事を覚えるのに必死で、右も左も分からずとにかく大変ですよね。当然ですが、まだまだお給料も少なく生活は楽とは言えないと思いますが、一生懸命働いてお金が振り込まれる給料日、何よりも楽しみにしていますね。貰える給料が多くない割には、東京という大都会に飲み込まれて、くだらないことに沢山お金を使っていることでしょう。その結果、1年間頑張って働いてもあまりお金は貯まっていませんね。大阪の片田舎育ちの自分にとって、色々なことが起こる大都会東京で懸命に生きている日々でしょう。

今考えると、くだらないことにもお金を使ってしまったと言わざるを得ませんが、家賃補助も頂きながら木造三階建てのワンルームマンションに住み、近所のオリンピック（スーパー）に通いながら頑張って自炊もしていたので全体の生活コストは今よりも随分低かったと思います。それでもまだ駆け出しで、貰える給料が高くはなかったので、収支とんとんの生活ですが、毎日が充実していることでしょう。よく働き、よく勉強をしていたと思います。というのも、近い将来もっと稼いで、良い家に住んで美味しい物を食べて充実した生活を手に入れるんだという、野望を抱いてモチベーションを高く持って毎日を生きていたからかもしれません。

15年後から少し報告させてもらうと、君が夢見ていたように外資系の会社への転職が叶い、収入も上がり憧れていた景色に少し近づいた時期もありました。そして、引っ越しもしてそのワンルームマンションとはお別れをしています。しかしその後、君は色々あってサラリーマンを辞めます。そして収入が激減します。さらに追い打ちをかけるような出来事が起こります。デフレに苦しんでいるそっちの世界では想像できないでしょうが、日本に物価高の波が押し寄せて15年後の君は、コスト高での生活運営を強いられています。その結果、収支はものすごくマイナスです。

でも、安心してください。いくら転職して給料が上がっても君が大きなお金を使うことは一過性で、根本的なコストのかけ方は15年前と何ら変わっていません。そのおかげで、〝自分はどんな環境でもこれくらいのコストで幸せに生きていける〟という謎の自信を持てるようになりました。そのおかげでサラリーマンを辞めた時にも、多少の不安はあったものの自分の生活コストに対して、これぐらいの稼ぎがぼくにとってのゴールラインだと明確に設定することができています。そして、15年前の君のように目標を達成するために色々なチャレンジをして、毎日を充実して生きることができています。15年後の君はもう外資系金融のサラリーマンではなく、ただのおじさんになっていますが安心してください。幸せですよ。

敬具

第3章

働くこととお金

とにかく働くことが大事

高校生か大学生くらいの頃でしょうか。よくこんなことを考えていました。「ああ、社会人って大変そうやわ。できれば働きたくないわ。何とかして働かんと生きていかれへんかな…お金、勝手に湧いてきいひんかな」と。しかし、その儚い夢は当然のように砕け散ります。皆さんもお分かりだと思いますが、働くこととお金は密接に関係しています。**お金を得る方法はいくつかありますが、働いて得るお金こそが王道**であり、多くの人にとって当たり前のように受け入れられている事実です。学生の頃のぼくが夢見ていたように、お金はどこからともなく湧いてきません。多くの人が宝くじの高額当選とも縁遠く人生を終えることと思います。働きたくない人にとっては残酷な現実かもしれません。

念のため、それでも働きたくない人のために、働く以外にもお金を得る方法をいくつか検討してみましょう。

①【貰う】 子ども時代であればお年玉やお小遣いで貰う機会はありますが、大人になってから継続的にお金を貰っている人がいれば、それはご家族からの援助か何かでしょうか。その

場合はかじれるスネがあって幸せかもしれませんが、スネをかじらせてくれない、もしくは自らかじることを拒み自活するケースも多いので王道ではないでしょう。

②【借りる】 これは意外に身近な方法です。要は〝借金〟です。しかし、やはりこれも一般的にはお金を得るメインの方法ではないでしょう。ただ、この借金については結構奥が深いので、後ほど5章で詳しく触れることにします。

③【盗む】 これは犯罪なので論外です。やった瞬間にお縄になってしまいますので絶対にやめてください。

④【増やす】 投資などでお金を増やして得る方法です。しかし残念ながら投資にはその元手が必要です。０円が１００倍になったところでいつまでも０円ですので、投資をするにも最低1円以上は必要です。では、その1円はどうするのかという感じで振り出しに戻ってしまいますので、結局は働くか、盗むか、貰うか、借りる感じでしょうか。ですので、増やすはよくよく考えると、〝お金を得る〟というニュアンスとは少し違うかもしれませんね。

⑤【作る】 これは勝手にやってしまうと、犯罪です。よし、お金作るぜ。となっても残念ながらそれは偽札です。ということで、〝盗む〟同様にお縄になってしまいます。しかし、唯一お金を作ることが許されているのは通貨発行権を持つ政府です。政府だけの特権ですので、個人がお金を得る方法としては違います。

これらが、主に考えられるお金を得る方法ですが、いかがでしょうか。犯罪だったり、信用がないと機能しなかったり、政府にしか許されていなかったりどれも大変そうですね。

ということで、お金を得る方法として王道なのはやっぱり働くこと、ということになります。前に金融教育＝投資教育の文脈で語られることがあるという話をしましたが、その投資の原資を得るためには多くの場合、働くことが必要です。ですので、金融教育を投資教育として語るのは非常にナンセンスですし、正しい金融教育こそ働くことと大きな親和性があるはずです。そもそも働くことへの理解が及んでいないと投資教育もへったくれもないのです。子どもとお金の話をする時には、投資よりも何よりもまずは働くことの大切さ、お金を得ることと働くことは切っても切り離せない関係だということを是非伝えてあげてください。

皆さんは２０１０年以降に日本で話題になり始めたＦＩＲＥという言葉をご存知でしょうか。「経済的自立」と「早期リタイア」を組み合わせた言葉なのですが、投資で資産を作ってうまくその投資を続けながら、フルタイムの仕事とは縁を切り悠々自適に自由な人生を謳歌するイメージです。ここではＦＩＲＥ自体について議論することはありませんが、ある人にとっては夢のように見えるこのシステムも、元をたどれば投資でお金を回すための原資が必要です。ですので、**投資が全てを叶えてくれるというのは間違った幻想で、投資以前に〝働いてお金を得る〟というある種当たり前なことが非常に重要なのです。**逆に言うとしっかりと働いてお金を得る力があれば投資など必要無いケースも多く存在します。それほど重要な〝働くこと〟については、ぼくの考える金融教育のコアになるといっても過言ではありませんので、この先は〝働くこと〟についてさらに深掘りしていきます。色々な働き方と、職業へのアプローチ方法も是非一緒に考えて欲しいポイントですので順を追ってみていきましょう。

色々な働き方

ここからは働くことについて色々な角度で考えていきましょう。まずは働くといってもどんな働き方があるのかを確認します。ざっくりと分けると次のような分類になるでしょうか。公務員、会社員、フリーランス、会社経営、アルバイト・パートなどが一般的に知られている働き方でしょう。それぞれに一長一短があり、一概にどれが良い悪いという話でもありません。また、最近では「会社員+個人での仕事」のように本業と副業を組み合わせるような働き方も浸透してきており、本当に色々な働き方が存在する世の中になりました。

多様化する労働への意識と選択のポイント

多様な働き方がある中で、どのように職業へアプローチすべきでしょうか。まずは、シンプルに自分にやりたい仕事があればピンポイントでその仕事を目指せばよいのではないかと思います。例えば、空を飛ぶことに憧れておりパイロットになりたいので○○航空会社に入ろうとか、自分の生まれ育った街のために貢献したいから公務員になろう、のような考え方です。

一方で、特にやりたいことが無い、やりたいことが分からないような状況ではどうでしょうか。ぼくは社会人になる前はまさにこの状況でした。その場合は、やりたいことではなく、働き方や目先の給料から考えるのがいいかもしれません。特出した給料は見込めないかもしれないが、安定しているから公務員になりたい、時間に融通を効かせながら生活をしたいからシフト制のアルバイトをしたい。というようなイメージです。やりたいこともなく、ぼやっとしていたら大学卒業が近づき、とりあえず入れる会社ならどこでもいいと思い、何となく就職する。大学時代のぼくがそうでした…。

やりたい仕事が無いということに対しては、なぜかネガティブイメージが付きまといます。しかし、やりたいと思っていなかった仕事でも、やってみると面白さを発見できた、職場の仲間に恵まれているので仕事自体は苦にならない、ということは往々にしてあります。実際にぼくの知り合いでも、特段思い入れのない仕事をアルバイトとして始めて、そこからそのまま仕事を覚え職場の雰囲気も良くて結果的に正社員として会社員になった例は沢山あります。またそうならなくても、淡々と「これはお金を得るための仕事だ」と割り切って仕事以外で人生の楽しみを見つけることができれば何の問題も無いはずです。そこに、「やりたいことを仕事にできていない」などの茶々を入れられる筋合いは無いと思うのです。ですので、子どもに対しても、将来の仕事に関しては余程の事情が無い限り、〇〇になるべきだ、というふうにその子の道を限定すべきでなく、働くということについては無限の可能性がある、というくらい大らかに語ってあげてもいいのではないでしょうか。

少し話は変わりますが、ぼくの住んでいる地域では中学受験が大変盛んです。小学校高学年から激しい競争に身を置き、目標に向かって家族ぐるみで邁進する姿は何とも言えない凄みを感じます。そこでは当然ながら、夢かなう子もいれば、夢破れる子もいるでしょう。特に夢破れた子どもたちに言いたいのは、「そんなことは、長い人生を歩む上で何の問題にもならないよ。」ということです。確かに、偏差値の高い中学校に入れれば、偏差値の高い大学に入れる可能性も高まり、人が羨む大きな会社や将来有望な会社に入って高い収入を得られる仕事に就ける可能性は高まります。ぼくは中学受験を真剣に捉えた方とお話をした経験が無いので何とも言えませんが、中学受験のその先の大きなゴールは、同じ価値観を共有する仲間を多く持つこと、偏差値の高い大学に入ること、経済的に恵まれた就職ということが推察されます。仮に、将来的に見据えているゴールがその辺りだとして、はっきり言ってその前々々々段階くらいの中学受験での結果がどうであれ大勢に影響は無いのです。中学受験というイベントに対しては特に大人が、大らかに構える心持ちでありたいものです。

例え希望の進路に行けなくても、やる気次第でいくらでも学び直しができる時代です。同じ価値観の仲間を共有したければ高校からは自ずとそういう環境になっていきます。その後の就職についても、今はいくつになってもキャリアは変えられます。やり直しはいくらでも効くんだという精神的な余裕が大人自身も子どもに対してもとても重要になります。

子どもの将来の夢が叶わなかった時、憧れの職業に就けなかった時など、挫折の瞬間がきたとしても、**働き方、もっと言うとその先の職種には基本的には良いも悪いもありません。良く分からない他人がその仕事をどう評価しようが、自分自身が納得できればそれで十分**なのです。

我々大人も仕事に行き詰まったら、一度ゼロベースで考えてみるのも非常に有効です。一昔前とは違い、転職することが一般的になりましたし、一つの会社で働き続ける価値観も揺らぎつつあります。常に悩みながらお金を稼ぐためだけに仕事をしている状態で、何かの歯車が狂ってしまった時に、本当に追いつめられる前にその仕事から離れる決断ができること自体にとてつもない価値があります。職を離れると、その時の収入や社会的地位など色々な未練があるかもしれませんが、仕事は人生を豊かにする一つの手段に過ぎない、仕事のせいで人生がおかしくなるのはごめんだ、というくらいの考え方が重要です。一方で、仕事が順調で同じ仕事を同じ会社で定年まで続けることについてはとても素晴らしいことだと思います。自分が納得して満足な環境に長く居続けられることは本当に羨ましい。それも目指す方向性としては全く否定するものではありません。

◎「楽して稼ぐ」はあり得るか

　とにかく働くことが大事な一方で、現代において働き方は多様になり色々な選択肢があることをお話しました。この辺りの話は小学生や中学生に金融の授業をして是非伝えたいポイントなのですが、そこでこのような声が子どもたちから挙がることがあります。「働くのやだなあ、楽してお金が欲しいなあ」ぼくもそう思います。ぼくは彼らの気持ちが良く理解できる側です。ぼくも実際に昔はそんなことばかり考えていました。割と本気で学生時代からそう思い、社会人になってからもそう考え続けた時期がありました。正直に言うと今でも少し考えることもあるくらいです。しかし、今のところその夢のシステム「楽して稼ぐ」を体現できたことはありません。そんな子どもたちのストレートな問いに対して少し深く考えてみましょう。子どもたちへの反論の用意です。

　確かに世の中を見渡してみると、その夢のシステムに乗っかっている人がいるようにも見えます。一例ですが、ぼくと子どもでよく話題に上がるのが、テレビのグルメリポーターのようなお仕事をされている方です。ぼくも子どもも食べることは好きなので、テレビを見ながら「この人、美味しいもの食べるだけで給料貰えて最高だね」と子どもが言います。ぼくも「せやな、めっちゃ羨ましいな。ほな、君も将来こんな仕事したらええねん」と言うと、子どもは「いやー、テレビ出るのとか大変でしょ」と言ったことがあります。まさにこの会話に重要なポイントが隠されています。そうなのです。多くの場合、**楽をして稼いでいるというのは、外からの評価であって、実際にその中で稼いでいる人にとっては楽ではないかもしれません。**

テレビのタレントさんなどで言うと、そもそも芸能界という凄まじい生存競争を生き残り、やっとそこに立ってグルメリポーターをしているのであって、それだけでかなりの猛者と言えます。表面だけ切り取ると〝美味しいものを食べて給料を貰う人〟なのですが、そこに至る過程でとんでもない努力をしてきたかもしれないし、はたまたとんでもない幸運に恵まれて何かのきっかけで芸能界において活躍をしているのかもしれません。そこは外野からはどうしても見えない部分なのです。

今流行の動画配信系の有名人もそうかもしれません。外野からの「良く分からない動画を配信するだけでなぜこんな大金を稼げるんだ」という声は、全く表面しか見えていない的を射ない批判というか、ただの妬みのようなものです。彼らも少なからず裏での努力や、それまでの過程があり、激しい競争に打ち勝った結果その地位までたどり着いているのではないでしょうか。

仮に自他共に認める正真正銘の「楽して稼いでいる人」がいたとしましょう。これがラッキーかと思いきや、実は結構なリスクをとっている可能性があります。今は良いかもしれませんが、今後その仕事へのニーズが今のように続いていくのか、需給バランスは崩れないのか、良く考えた方が良いと思います。基本的に労働市場というのは効率的な需給バランスで、労働に対する対価である賃金が決まる傾向があります。この仕事をこれくらいの質でやってくれる人の給料は〇〇円という具合です。簡単に言えば、ちゃんとマーケットが出来ているということです。自身の仕事がマーケットから評価されるような仕事かどうかを折を見て確認することもポイントです。

このように「楽して稼ぐ」はあくまで外部からの評価であって、本当のところは本人にしか分からないし、基本的には無いものだと思って〝働く〟ということを考えた方が良さそうです。仮にあったとしても、幸運に恵まれた一部の人が享受しているだけであって、その甘い蜜も末永く続く可能性は低いのです。一つ言い忘れましたが、先ほどの例に関してはこんな可能性もありました。その人が優秀すぎて普通の人が大変だと感じる仕事を「大した努力もせずに楽な仕事」と主観的に判断している可能性です。その場合は、どうぞそのまま優秀でいてください。

労働のリスク・リターン

〝楽して稼ぐ〟ことについて考えてみましたが、せっかくなので金融的な発想から〝働く〟ということを見てみましょう。金融の仕事、特に投資関連の仕事をしていると「リスクとリターン」の概念は欠かせません。ぼく自身も十数年の金融機関勤めで、幾度となくその概念の奥深さに驚き、若かりし頃は数学と統計によって体系的に確立されたリスクとリターンの世界に感動すら覚えた経験があります。ですが、ここではそんなマニアックな話はするつもりはなく、直感的なお話ができればと思います。

このリスクとリターンですが、当然ですが金融以外でも幅広く語られる概念であり、既に市民権を得ている考え方と言ってもいいでしょう。よく聞く言葉ではハイリスク・ハイリターンやローリスク・ローリターンなどでしょうか。金融の世界では、基本的にはリスクとリターンは表裏一体です。高いリスクのものには、高いリターンを期待するし、低い場合はその逆です。高い山ほど危険な登山になりますが、頂上からの景色は素晴らしく、低い山は安全に登山できる代わりに景色もそれなり、というイメージです。これは世の中の森羅万象、どんなことにもある程度当てはめることができる普遍的な原理なのではないでしょうか。

そして、働くことについてもリスクとリターンは表裏一体という傾向があります。すごく単純な話をすると、仕事の大変さ・難易度＝リスク、給料＝リターンというふうに考えることができます。高い給料（ハイリターン）を得るためには、それなりの大変さや難易度（ハイリスク）があるということです。実際に知り合いでかなりの高給を手にしている人がいますが、信じられないくらいの労働時間で睡眠時間を削りながらの働き方に加えて、日々の激しいプレッシャーもあると言っていました。さらに、彼らはそのステージにたどり着くまでに仕事をしながらも常に何かしらのインプットを怠らず必死に勉強し、キャッチアップし続けているイメージがあります。すごいですよね…。反対にものすごく容易で簡単（ローリスク）な場合は、給料も低い傾向（ローリターン）にあります。そして、究極は働かないと給料は貰えない訳で、無職の場合はノーリスク・ノーリターンということになります。

ですが、働くことにおいてはリスクとリターンの見方を変えれば、表裏一体の原則を変えることができることをお話したいと思います。ここまでの話では、単純にリターンを給料と考える前提でしたが、人によってはそのリターンの定義も変化するかもしれません。職場の環境、やりがい、社会への貢献度等、そこも含めて自分にとってはリターンなのだ、と理解し納得できるかもしれません。その場合に自分の仕事がローリスク・ハイリターンだと認識できる可能性は十分にあります。我々大人も働くということを考える上で、リスクとリターンの考え方を意識し、自分にとっては何がリスクで、何がリターンなのか。そして、今の仕事はリスクに見合ったリターンなのかを意識すると、より広い視野で自分の仕事を捉えられると思います。

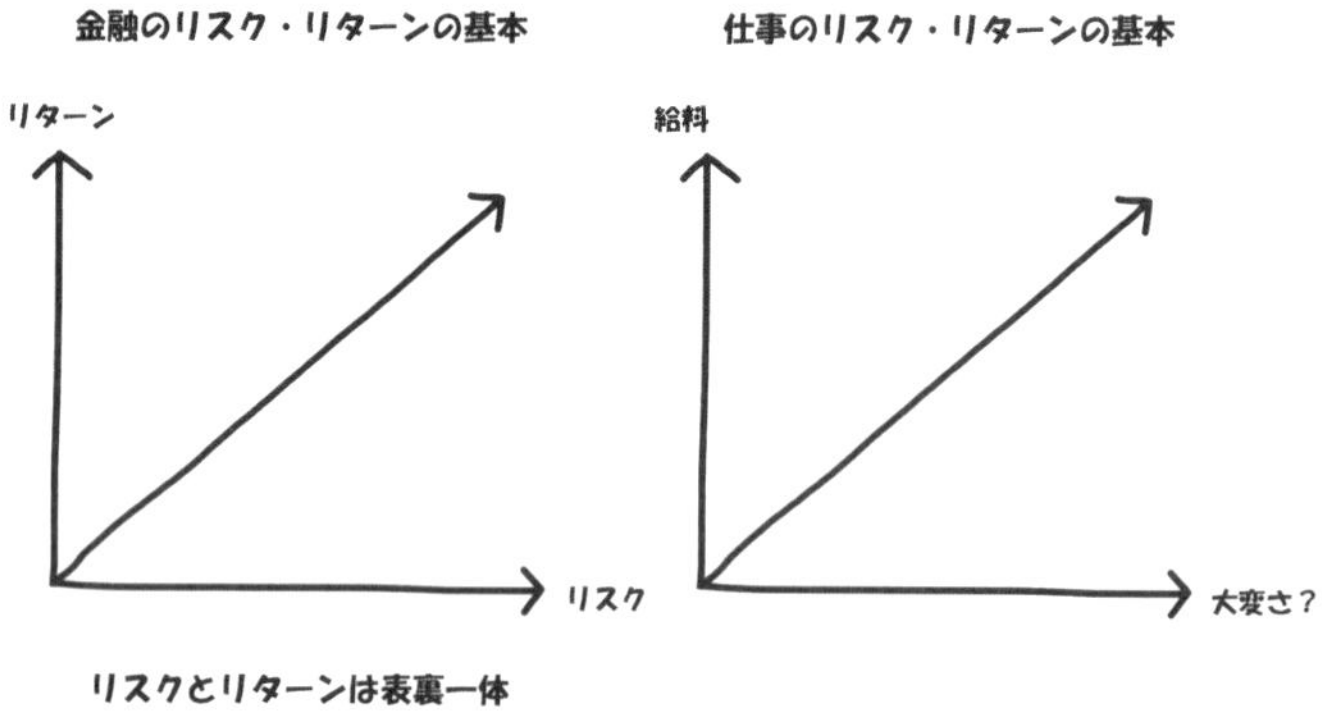

でも、、、仕事について独自のリスク・リターンを設定すると・・・？

例えば、、、リスク：長時間労働
リターン：人間関係

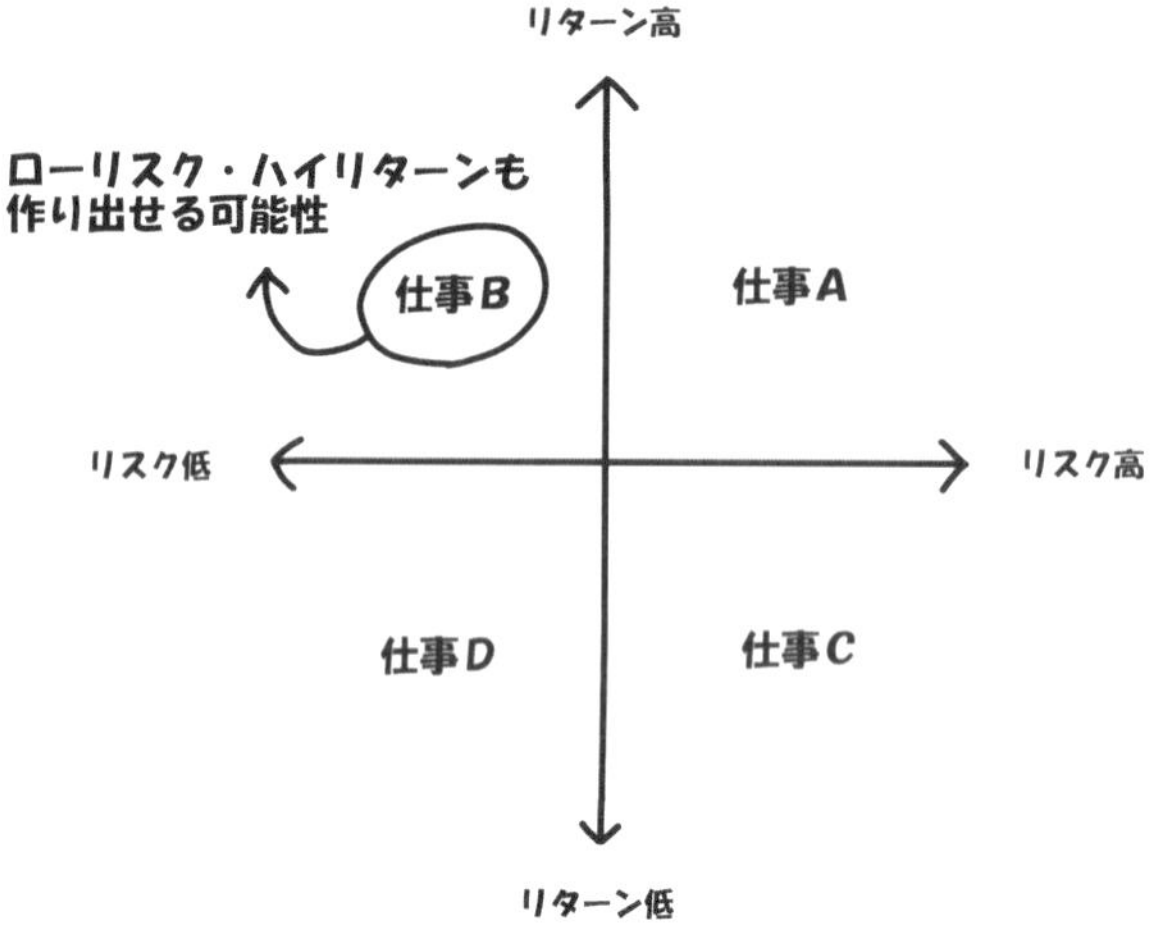

◇第3章のまとめ

■お金は湧いてこないので働くことがとにかく重要。

■現代においては働くことに対して多様な価値観があり、凝り固まる必要は無い。

■楽して稼げることはめったに無い。

■労働を考える上で、金融のリスク・リターンの考え方は有益。

■働くことにおいて、独自のリスクとリターンを設定すれば可能性が広がる。

コラム　転職日記

5社。これは何の数字でしょうか。知らんがな、という声が明確に聞こえてきました。すみません。誰も興味が無いと知りつつも一応お答えさせていただきます。これは、私が社会人になって経験した会社の数です。ということは、転職は4回していることになります。この話をすると、めちゃくちゃ転職が多いジョブホッパーだな、ということをよく言われます。まあ、それは良いのですが、なぜぼくがこれほど転職を重ねたのかというと、先ほどまでお話した労働のリスクとリターンが大きく関係しています。1社目こそ証券会社の個人営業をしており、職種の毛色が違うのですが、2社目以降は会社は変われど、やってきたことは（かっこ良く言うと）金融専門職のような仕事です。同じような仕事をずっとしていたにも関わらず、なぜそんなに転職が多くなったのかを順を追って説明したいと思います。ぼくの転職記録を振り返りますので、少々お付き合いくださいませ…。

まずは1社目。第1章でも少し触れた通りですが、テレアポや飛び込み営業を繰り返し、かなりしんどい環境でお客様を新規開拓し、お客様のためにならないと思う商品でも会社の指示で無理矢理売り続けないと生き残れないという仕事でした。新卒で入ったその会社の給料は当時の一般的な大卒初任給くらいでしたので、リターンの割にリスクが大きい仕事だったのかもしれません。

色々な意味で精神的にも限界が近づき転職を考え始め、2社目はリターンである給料はいくら下がっても良いので、安定した精神環境で働ける職場を求めました。そして運良く投資運用会社から内定を頂きました。泣いて喜びました。ハイタッチなんかもしちゃいました。これは自分にとって本当に人生の転機で今でもその会社には感謝しかありませんし、辞めてかなり経ちますが、当時から付き合っている人も未だに沢山います。それは余談として、それではなぜそんな良い環境の2社目を辞めたのかと言うと、当初は追い求めていなかったリターンである給料について欲が出てきてしまったからです。

そして、同じ仕事をするならより良い給料を求め3社目に転職してしまいます。そこでは念願のリターンである給料を手にしますが、人生はうまくいかないもので、そこでは人間関係を含め色々な職場環境に悩まされることになります。リスクが大きかったのです。今思うと3社目は十分なリターンを得ていると自覚していたものの、それに見合わないくらい過大なリスクがあったと振り返っています。仕事自体はずっと2社目以降同じことをしていますので、ある程度即戦力として実務をこなしていました。しかし、上司との関係、周りの人間関係等はうまくコントロールできずに3社目の終盤はかなり精神的に追い込まれていました。「普通に仕事ができる自信があるのに、人間関係を始め色々なことで追い込まれて自分の価値が発揮できなかった。自分の仕事人生が潰された。」と当時は思い詰めていました。結局高い給料を得るために入った3社目は長くは続かず、数年で去ることになります。入り口でリターンはコントロールできていたはずなのに、リスクはうまく読めていなかったのです。

その後の4社目は、また同じようなことを繰り返すのですが、3社目在籍時点でそのような精神状態ですので、リターンである給料はいくら下がっても良いので安定した精神環境で働ける職場を求めました。あれれ?どこかで聞いたような…。同じ過ちを何度繰り返せば分かるのだ…と自分が情けなくなります。ちなみに、常に痩せたいと思いつつ今この瞬間もドーナツを食べながらこの原稿を書いています。何度同じ過ちを…。自分が情けないです。

話を戻して、4社目での給料は諦めていたので仕方ないのですが、その代わり職場環境的には最高のものでした。周りから必要とされ、同僚や先輩・後輩にも恵まれ、上司からの信頼も厚かったと思います。大きなプロジェクトや難しい仕事も沢山任せていただき、それなりにこなしていたつもりです。しかし、またここで悪魔の誘惑が自分の中で芽生え始めます…。「今の仕事ぶりと会社への貢献を考えて、この給料は適正なのか」と。また怪しい雰囲気が出てきましたね…。ぼく流ドーナツ化現象です。そうなると給料の文句ばかり言い始め、周りと自分を比べ、あっちはどうだこっちはどうだと自分と他人を比べます。最後の章でも語ることになりますが、こうなるともう一生幸せになれません。

そして案の定、当時のぼくはそのような素晴らしい職場環境である4社目を去り、給料というさらなるリターンを得るためにアクションを起こしてしまいます。今考えればその4社目は自分にとってちょうど心地の良いリスク・リターンだったかも、と思うのですが、当時のぼくは苦渋の決断で辞めてしまいました。

そして最後の会社である5社目にいくことになるのですが、そこでようやく当時の自分の中で、リスクとリターンに見合うと思える環境に出会うことができました。ですので、結果的に在籍期間は5社の中でも最後が一番長くなりました。ここまでぼくの転職日記を振り返ると、かなり長い道のりを経てやっと落ち着いたと言わざるを得ません。働くことにはリスクとリターンがあると簡単には言えますが、リターンもリスクも実際はうまくコントロールするのは容易ではないことは身をもって体験してきました。

そして、最後にそんな5社目を辞めてこうして独立したのは、まさに自分の中での労働のリターンの軸が〝給料〟から〝やりがい〟に変化したからです。働くことにおいて、自分にとって何がリスクで何がリターンかを再評価したからこそ取れたアクションでした。

第4章

お金の魔力

何のためにお金を貯めるのか

この章では、お金の持つ不思議な力について考えていきたいと思います。普段当たり前のように接しているからこそ、お金の持つ色々な不思議な力に思いをはせることで、子どもと一緒にお金について深く考えるきっかけになればと思います。

突然ですが、皆さんは貯金をされていますでしょうか。貯金と言うと子どもから大人まで一般的なお金の関心事というか、「やるのが当たり前」という感覚さえあるかもしれません。ここでは皆さん当たり前のようにされているかもしれない貯金、お金を貯めるということを一から考え直します。

貯金は皆さんにとってどういう目的でするものでしょうか。近い将来に欲しいと思っている何かを買うために頑張って貯金している。遠い将来何かの役に立てばいいと思って漠然としている。などなど色々な貯金への想いがあるかもしれません。どれが正しい貯金で、どれが間違った貯金などはありませんが、一つだけ意識したいのが、何でも良いので目的をもって貯金をするということです。色々な節約の工夫などの結果、何とかお金を貯めようと意識している方も多いと思います。では、その貯金に対して明確な意図はあるでしょうか。要は、漠然と貯金をしていないかということです。

昨今の社会情勢ですから、色々な不安要素があり漠然と遠い将来を見据えてそうなることが多いのかもしれません。であれば、一応は遠い将来の不安に対する備え、ということで一見合理的な貯金に思えます。しかし、この場合は明確に将来のためと意識付けされたのではなく、目的を後付けした貯金と言えます。好きになってくれる人が好きな人、みたいなイメージでしょうか。

曖昧で目的もなく貯まっていくお金の末路はどうでしょうか。往々にして、結果使わないことが殆どです。その漠然と野放しにされたお金も一応は、銀行に預けていれば利子がついて増えてはいくのですが、この本の執筆時点、2024年2月頃で大手銀行の普通預金の利率は0・001%です。ですので、100万円を預けても貰える利子は1年間で10円ということになります。そこからしっかり金融所得課税20・315%税金をむしり取られますので、手元に残るお金は8円…。涙なしには語れません。そのように無意識のお金に涙なしには語れない利子がついたところで、誰も得をしません。特に若い頃は概して収入が少なく、貯金効率も悪いです。そんな効率の悪い貯金をするくらいなら、いっそのこと自分という人的資本に使って、将来の自分が生み出すリターンに期待することの方がよっぽど大切です。

他には、どんな形でも良いので自分以外の誰かに使ってみる手もあります。例えば分かり易いところで寄付なんかどうでしょうか。ほんとに少額でも構いません。世の中には社会課題が山積しており、そんな課題に人生を懸けて向き合っている人も少なくありません。ぼくも金融教育の事業を始めて色々な方に会うのですが、社会課題に向き合っている人はとてつもない熱量で人生を生きています。しかし、お金がネックで思うような活動ができないケースもしばしばです。そんな時に少額でも良いので、寄付をするということで自分以外にお金を使って社会にとって有効なお金に蘇らせることができます。また、投資なども一案です。

投資に関しては別途詳しく想いを語りたいと思います。

とにかく、明確に目的の無い貯金を一度疑うことはお金に対しての考えを深堀りするきっかけにはもってこいです。ぼく自身の貯金に関して言うと、向こう1年くらいの生活費が銀行口座にあるのであれば、それ以上は意識的に貯金をしないようにしています。ぼくは1年ですが、自分で怖くない範囲で定義すればいいと思うので、それ以上は貯める必要は無いかもしれないと一度疑ってみてください。お金は基本的にあればあるほど安心なので、貯まるのであればついつい無意識に貯めたくなってしまいます。なので、貯めることが目的化しやすい。そうなるとお金の魔力にはまったも同然です。意味の無い野放しのお金ほど自分にとっても自分以外にとっても無益なものはありません。是非この考え方には注意しながらご自身の貯金に関しても子どもの貯金に関しても向き合ってみてください。

基本的にお金は使って初めてその役割を果たします。使うことに意味があるのであって、使わないお金を持っていること自体に本来意味はありません。それでも、お金が欲しいと思ってしまうのがお金の魔力なのかもしれません。お金を持っていれば精神的な安定が高まるので仕方が無いことではあるのですが…。

収入の具体的な貯め方

前述の通りですが、本書では目的がはっきりとしていれば貯金自体を否定するスタンスは全くありません。第2章で生活コストを何となくでも把握する重要性については触れましたが、せっかくですので少し細かく具体的にどう貯めるか等々お話していきましょう。

とにもかくにも原資である給料が無いと始まらないので、どんな形であれ働いていることは前提となりますが、一番分かり易いのは会社勤めで毎月一定の金額を受け取ることがほぼ約束されている方々です。その場合は給料のうち○○円は自動的に給料の支払い日に貯金専用口座に振り替える等の自動設定を行うことが基本です。例えば20万円の手取りがあったとして、毎月目的をもって貯めたい額が2万円だとすると、給料が振り込まれた瞬間に2万円が貯金に振り替えられますので、20万円－2万円＝18万円が実質の手取り額となり、その範囲でやり繰りするという考え方になります。20万円の手取り額をそのまま受け取ると、たまたまその月は飲み会が多かった等々の理由で出費がかさんでも「20万円あるからいっか」となるかもしれません。「実質18万円なので注意しよう」と意識するのではやはり貯まり方が全然違います。居酒屋でのワンモアビールをぐっと我慢できるのです。是非実践してみてください。

定額給料を貰っている場合でも、そうでない場合でもどうしても貯金がきついという場面があると思います。その場合の取るべき選択肢は2つあると思います。

1つ目は貯金額を下げることです。目標に到達する期間が長期化してしまいますが、自分にとって無理な貯金を続けてしまって、貯金のために働いているのではないか…などとなってしまっては本末転倒です。貯金をするのであれば自分にとってストレスの無い範囲の額を設定することが重要ですし、当初考えていた額では日々の生活が圧迫されてしんどいと感じれば、設定額を下げれば良いだけの話ですので、是非自分が心地良く実践できるポイントを探してみてください。そうすれば長期化という犠牲を払う代わりに、ストレスなく計画的に目標到達できるでしょう。

2つ目は、貯金ができないということは手元に残るお金が少ないということですので、ベースコストである生活コストを見直すことです。いわゆる節約、無駄の削減です。日々かかっているコストで見直せるものは見直すという、当たり前で既に色々な人が言っていることなのですが、やはりこれが効きます。大事な考え方は、〝同じような満足度を得られるならより安いものを探す〟ということです。基本的にどの領域でもマーケットが形成されていますから、似たようなクオリティーなのになぜかこちらの方が高い・安いといったことは必ずあります。携帯電話の契約、食料品、家電、日用雑貨など、ありとあらゆるものです。その中で自分が納得できる、より低コストなものを選んでいくと自然と全体コストは押し下げられます。

そうすることによって、例えば全体の生活コストを1万円下げられたとしたら、それを貯金に回せます。もし、生活コストを下げずに1万円を貯金したいと思った場合には、手取り収入を1万円上げなければなりません。手取り収入なので、実際には額面給与は1万円以上あげないといけません。このように**1万円節約するということは、1万円以上給与を上げることと同じような経済効果を持っています。**どちらが簡単かは人によって違うと思いますが、ぼくの場合はコスト削減の方が簡単と思う派なので、自分がストレスを感じない範囲で積極的に実践するようにしています。

1つ目のポイントと同様なのですが、〝自分がストレスを感じない〟というのがまたまた大事で、例えば「いくら同じジュースが安く売っていても遠くにあるスーパーまで行くのが面倒だ」という人は普通にいらっしゃるでしょう。その場合は、無理をして遠くのスーパーに行かないでください。というのもメッセージです。では、その代わりに頑張って給料をあげる、食料品じゃないどこかで節約する、1つ目に戻って貯金額を下げて目標到達の長期化を受け入れる、などで穴埋めをどこかでしましょう。というだけの話です。かっこ良く言えば全部トレードオフの関係になるだけです。貯金をしている子どもにも、自分のストレスのない範囲で計画的に、コストカットをすることは意味がある、というポイントは是非伝えてあげた上で、貯金に対する姿勢を導いてあげてください。

手元に残る1万円を生む方法

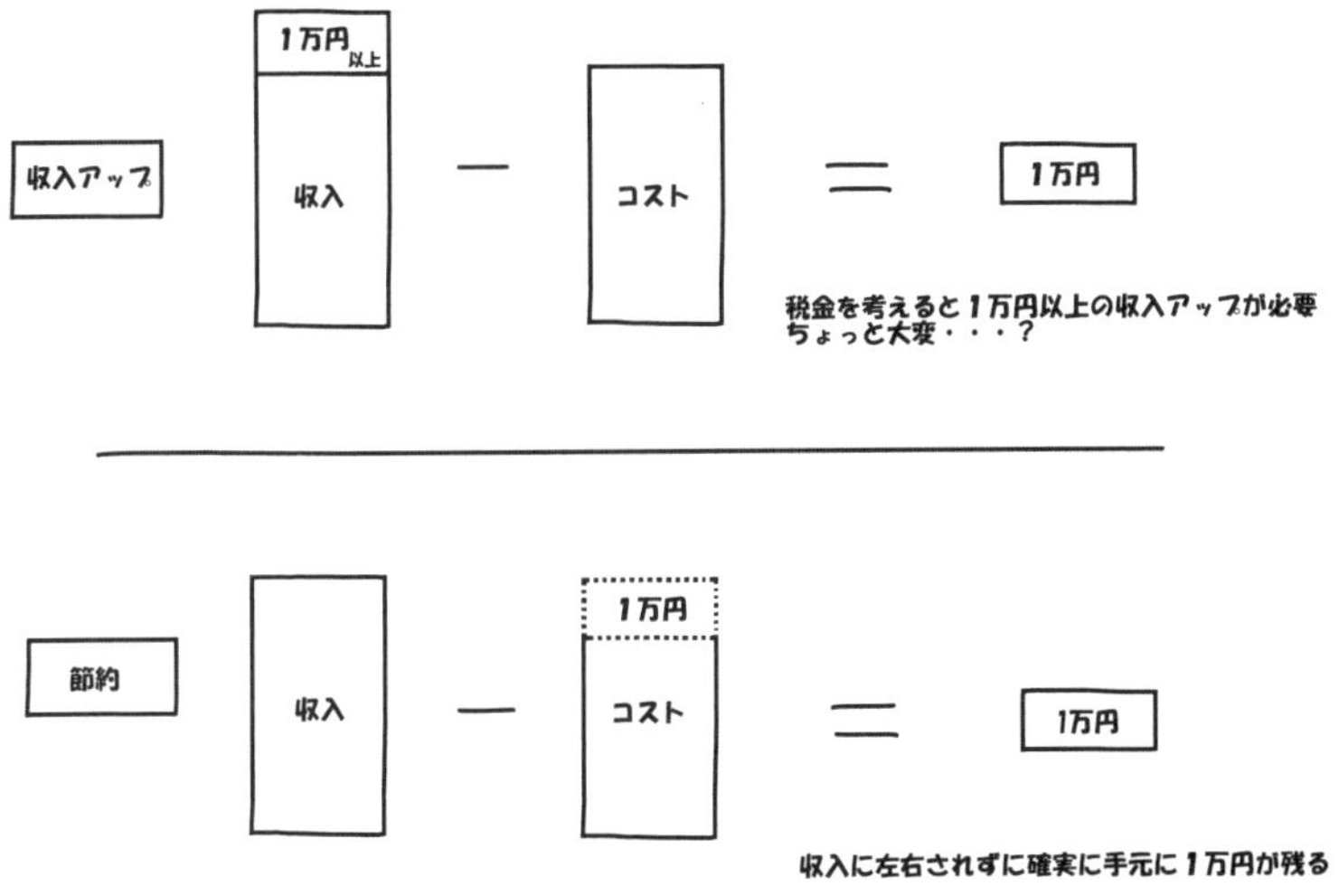

◇第4章のまとめ

■貯金をする場合は目的をもって取り組んだ方がいい。

■ただお金を貯めることにあまり意味は無いのに、貯めないと不安になるのがお金の魔力。

■遠い将来のため…と思うのであれば他にお金の使い方がある。

■コストカットは収入を上げることと同じ意味がある。

コラム　欲しかったバイク

突然ですが、ぼくの趣味の一つにバイクがあります。大学生の頃に中型免許を取って以来、現在に至るまで多少のブランクはありつつもバイクはずっと乗ってきました。学生時代に乗っていたバイクは友人から7万円で譲りうけたもので、社会人2年目まで計5年間ほど大切に乗っていました。男KAWASAKIの人気車種で、当時は関西に住んでいたので、関西圏は勿論、北陸や四国など色々な場所にツーリングに行った相棒です。大切に乗ってとても好きなバイクだったのですが、走行距離も膨れ上がり、経年劣化も目立ってきたためお別れを告げる決意をしたのは東京に引っ越して間もない24歳の春だったでしょうか。神田川の桜が美しく咲き誇っていたのを覚えています。

そんなこんなで、その頃は仕事と勉強で忙殺されていたため、しばらくバイクは乗らないだろうと考えていました。が、実際にそうはなりませんでした。ぼくの中のバイク愛はすぐに再燃してしまい、新しいバイクを買う決意をしたのです。失って初めて気付く大切さ、でした。

そして今度は、友人からの中古バイクではなく、憧れの新車バイクに乗ってみたい、ということで決意を固めました。社会人になって初めて、明確な目的をもって「お金を貯めよう」と思った瞬間です。そして具体的に期限も設定しました。1年後に欲しいと。欲しかったバイクの新車価格が、総額で70万円くらいでしたので、1か月に6万円も貯めることは当時の少ない給料から考えるとかなりのチャレンジでした。

月6万円は過酷な道ですが、憧れのバイクのためなら何だって我慢できる、仕事もどんどんやって上司にアピールをして、給料も上げてもらってボーナスも貰うんや、というくらいの覚悟で、むしろ生活により一層張りが出たのを覚えています。決意を力に変えるんだ。決意をお金に変えるんだ。お金をバイクに変えるんだ。ということで、ぼくはあくまでバイクが欲しかったのですが、そのバイクとの交換手段であるお金に対してストイックになります。

そうは言っても給料は当面殆ど変わらないので、この決断の後は節約もしました。かなりお金にシビアになった時期だったと思います。今考えると、これも一種のお金の魔力なのかなと思います。良い意味での魔力です。現代社会では基本的に何かのモノやサービスを受け取るためにお金が必要となります。そして、そのお金は多くの場合は労働の対価として受け取ることができます。その結果、当時のぼくは、バイクが欲しい↓お金が欲しい↓仕事を頑張る↓お金の無駄も見直す、という具合に画に描いたような好循環を生み出していました。

ちなみにぼくはよく食べてよく飲みます。毎日のように、仕事終わりにお酒やスナックを買い込んでは食べるということを繰り返していました。それが幸せの時間でした。が、この行為はバイク貯金において、ぼくの中で無駄と判断され徹底的に削減されました。その結果、なんと慢性的な肥満に苦しむぼくが痩せたのです。これはもう近江商人もびっくり〝三方良し〟です。「バイクが欲しいから、お金が欲しい」その思いだけで、仕事も頑張ることができ、お酒やスナックの無駄を削減することにも成功し、挙句の果てには痩せました。本質的には〝どうしても欲しいバイクがある〟というのがぼくのモチベーションですが、そのバイクとの交換手段としてお金が存在するがために、目の前の〝お金〟が優先事項にならざるを得ないのは何とも歯がゆい思いもあります。

しかし、そのお金の魔力のおかげでポジティブな好循環が生まれることもあるのだなと実感した次第です。お金、お金、とそれだけが目的化してしまう悪いお金の魔力もありますが、人を何かに向かわせる原動力にもなる、良いお金の魔力もあるのだと思います。大人も子どもも可能であれば良いお金の魔力に魅了されたいものです。

第5章

お金は信じられるか

お金の貸し借り

この章ではお金は信じられるか、というテーマで考えてみたいと思います。「人は裏切るが、お金は裏切らない」という言葉もあります。本当にそうでしょうか。具体的な例を挙げながら考えていきましょう。まず、身近な題材になり得るのが、お金の貸し借りです。

金融機関から借り入れをしてどうのこうの、では話が重たくなってしまいますので、ここでは大人と子どものお金の貸し借りを例にとって考えてみましょう。家庭内で大人が子どもにお金を貸すケースです。子どもがどうしても欲しいおもちゃやゲームなどがあるけれど、今のお小遣いと蓄えでは足りないから親に借金のお願いをしてきたと仮定します。

親の視点からお金を貸すということを考えた場合、貸す相手は自分の子ども。例えばゲームを買うのに3000円足りないとします。貸すのですから、当然親はそのお金を返してもらうことを期待します。しかし、一般的に小中学生だと借りたお金を返すにも、そもそも返す原資を調達するあてがありません。この例だと、3000円分のお手伝いをするとか、3000円分を将来のお小遣いから天引きするとか、そういった案が予想されます。これは貸した親からすると、貸した分のお金がキャッシュとして戻ってこないことにプラスして、利子のような付加価値も全く受け取っていないことになります。金融用語でこの付加価値を広義にプレミアムとも言います。通常、大人の世界でお金の貸し借りが発生する場合は、必ず利子（プレミアム）が考慮されます。

しかし、このケースの家庭内でのお金の貸し借りにはそのプレミアムが無い。では、親はなぜ子どもにお金を貸すのでしょうか。それはこのケースの親が子どもを〝信用〟しているからです。貸す相手はどこの馬の骨かも分からない人ではなく、紛れもない我が子です。したがって家族という絆?もあるでしょうし、そこには他人にはない無条件の信用があるのかもしれません。家庭内でお金の貸し借りがある場合、家族に対する一定の信用があってこそ、貸し借りをする土台が生まれます。そうした場合には通常だと要求するはずのプレミアムも要求せず、しかもキャッシュで返さないことも許されます。

そう考えると、お金を貸した親は３０００円という少額だから貸した、ということも当然あると思うのですが、もっと根底に大事にしているのは、貸した相手が我が子であり、そこには信用があるから、というのが大事なポイントです。**お金自体を信じても何の意味もありません。お金のその先にいる人を信じるかどうか、が大きい意味を持つのです。**

勿論、家庭内でもビジネスライクに貸したお金はちゃんと返してもらうし、利子も付けます、ということにしても全く問題無いでしょう。その場合は、子どもにはこんなふうに説明してあげてください。「あなたにお金をレンタルで貸してあげるから、その代わりに返す時はお金そのものは勿論、お金のレンタル料も一緒にして返してね。レンタル自転車借りたら、レンタル料払うでしょ?あれと一緒。3000円借りるために必要なレンタル料は150円だから、返す時は全部で3150円返してね。ちなみに150円のレンタル料は特別だよ。知らない子だったら信用無いからそもそも貸すかどうかも分からないよ」と。基本的に人から人へお金が動く時は〝信用〟がベースになっているのです。

ちなみに、子ども同士のお金の貸し借りは絶対だめ、ということを良く言いますが、この信用をベースに考えると、よりすっきり子どもたちにも説明できるのではないかと思います。なぜ友達とのお金の貸し借りはダメなの?と言われたら「あなたも友達もまだ働いてないでしょ?お金の貸し借りは、自分でお金が返せることが前提。あなたはまだお小遣いを貰っているだけで、それはほんとの意味での自分のお金とは違うよ。自分でお金を稼いで初めて自分でお金を返せるんだよ。働いてお金を稼いで初めて信用してもらえるんだよ」というふうに答えてあげてください。

お金は信用が大事ということが分かったので、大人同士のお金の貸し借りも見ていきましょう。大人同士については、意外とお金の貸し借りがあるのではないでしょうか。例えば飲み会に行って、会計時に自分が建て替えたから、一緒に飲んだ人に対して支払いは後日で良いよ、というケースも厳密にいえばお金の貸し借りです。この場合は、飲み会ですので貸し借りも比較的少額でしょうし、気心知れた仲間なのであれば「まあ、この人なら返してくれるだろう」と無意識のうちに金額とそれに見合う相手の信用力を判断しているのではないでしょうか。例えば相手がニートの友人でそもそも働いていないし収入が無いことを知っている場合は、その相手にお金を生み出すという金融的な信用はありません。その場合は、そもそも貸すことを諦め、友情で奢るという判断になることもあるでしょう。

これらは身近な例ですが、銀行などが個人や会社にお金を貸す時も基本的には、〝信用〟をみています。むしろ貸す側である銀行からすると相手の〝信用〟≒〝お金を生み出す力〟が全てと言っても過言ではありません。過去にどんなに素晴らしい職務経歴や社会的地位があっても、今現在どれだけお金を生み出す力がありますか？という信用力を厳しい目で見られることが現実です。ですので、金融機関もお金そのものを信用している訳ではなく、その先にいる人や会社を信用して活動をしているのです。金融は意外にも義理人情と親和性が高いのかもしれません。

分かっていない自分を信用しない

お金の貸し借りでは、信用が大切だということをお伝えしました。実はこれが、金融の本質的な要素となっています。〝金銭を融通する〟と書いて金融です。金銭の融通とは、資金が不足している主体に対して、資金のある主体がお金を出すことです。これが金融の本来的な意味です。ですので、金融は分からない、難しいというイメージがありますが、要は信用を背景にしたお金の移動に過ぎません。しかし、その基本概念から派生して色々な金融サービスや金融商品が無数に存在しているので、どうしても複雑に捉えざるを得ません。そして、第1章でも触れたように、特に金融商品などは情報の非対称性を利用して、無意味に複雑化して販売されることもしばしばです。

では、そういったよく分からない金融商品の売り込みなどには、どう対処することが適切でしょうか。一つは、横比較です。金融市場にうまい話はほぼ存在しません。リスクとリターンは表裏一体。リターンが高そうなものはリスクも高いのです。ですので、かなり良い条件だと思ってもしっかりと類似の金融商品と比較することが有効です。もう一つ簡単な方法があります。その金融商品を信用して良いか分からなかったり、相手の言っていることが分からなかったりしたら、一度立ち止まってみるということです。信号が黄色なら、急いで渡れ！ではなく、危ないからちゃんと止まりましょう。ということです。

金融の根本は信用ですが、そもそも分かっていない自分を信用しないということが大事です。これは人それぞれ色々な分野で強みと弱みがあると思いますが、金融がらみの判断を迫られた時に、最後の砦となる考え方です。自分が理解していないけれど、信頼できる友人が言ってきたから、信頼できる営業マンが言ってきたから等々、それ自体は判断基準の一つとして有効に利用すべきかもしれませんが、最後には自分で判断を下すことが大切です。お金が絡む事柄に対するジャッジを自分以外の誰かに委ねて、その後の結果についても自分が責任を負って当然と思えるならOKです。しかし、せっかく責任を負うのであれば自分で判断を下したいものです。そのために、信頼できる人がいるならその人に丸投げで判断してもらうのではなく、その人から判断の背景や根拠を聞きながら、分からない部分を教えてもらってください。そして、信用できる人を頼るものの、最後は自分で判断して責任を全うする。

これが良く分からない金融がらみのイベントに対峙した際の基本的な心構えです。金融の世界では、信用は連鎖すると言われます。信頼関係に基づいた正常な信用の連鎖が広がることは非常に大事なことです。一方で、ゆがんだ信用をもとに、何かの取引が成立した時には、その信用の先にいる人、その先にいる人も悪い意味で繋がっていくことが予想されます。そうなる前に、**悪い信用の連鎖を断ち切る意味でも一度立ち止まって考える、分からないものは分からないと受け入れてそれ以上深入りしない**、深入りしたければ納得のいくまで、理解ができるまでしっかりと向き合うということが非常に重要です。

●トラブル回避の簡単なコツ

大人も子どももお金にまつわるトラブルに関しては、いつ巻き込まれるか分かりませんし、できれば巻き込まれたくないものです。先ほど、信頼していた人からの助言を活かしながら最後は自分で判断する重要性を述べましたが、信頼していた人が悪意を持ってか持たずかは別にして、結果的にトラブルの種をまいてくる可能性も十分にあります。そこで、万が一そのようなことが起こってしまった時の対処方法を考えてみましょう。

まずは、**いったん立ち止まって頭の中を整理して、回答は絶対に急がないでください。そして、家族に相談する、信頼できる人に相談する等々いくつかの具体的な方法をとってください。怪し**

い輩ほど回答を急かしてきます。なので、ぐっと我慢します。ここでは特に〝いったん立ち止まって頭の中を整理して〟のところで具体的にどう考えれば良いのか金融的な発想でアプローチしてみます。

トラブルにも色々な種類がありますが、貸し借りについては、先ほど詳しく触れましたので、今回は別のケースで考えてみましょう。例えば、かなり魅力的な投資案件の話が舞い込んできた場合などはどうでしょうか。「会員制で表にでない話だ。今回特別にAさんからの紹介なので、この案件紹介をしている。この案件に出資（投資）してくれれば年間10％の配当を必ず出し続ける。元本割れの心配は無いし、知人を紹介すればさらに配当が5％プラスされる。最低投資額は50万円から」どうでしょうか。いかにも怪しいですね。投資案件のはずなのに、なぜか元本を保証しているし、知人紹介でネズミ講の様相まで呈してきています。ネズミだけにチューチュー色々吸い取られそうです。しかし、大人も子どももこの類の詐欺には昔から多くの人が騙され、大切な財産を犯罪者たちに奪われてきました。大人でも学生でも、昔から信頼している人や、場合によっては親友からこのような話を持ち掛けられた時に心が揺らぐこともなくはないでしょう。

〝この人が変な話を私に持ってくるはずがない〟、〝他の人も実際にやっているし大丈夫なはず〟

など無意識のうちに自分の都合の良い状況判断に持っていく可能性も否定できません。こんな時に役立つのが、**一度世の中の基準となっている定量的な指標と比べてみる。**ということです。といっても考えることは簡単で、先にも言いましたが、2024年2月頃で大手銀行の普通預金の利率は0・001%です。これが〝世の中の基準となっている定量的な指標〟の意味です。普通預金は元本を保証していますから、先ほどの詐欺案件とそこは同様です。しかし、一年間の金利が違いすぎます。元本保証をしているのに、大手銀行の1500倍の金利を付けられるのはなぜなのか、そういうふうにアンテナがピンと立てば、「これはおかしい。裏で何かあるな」と判断できます。

世の中の市場金利を知らなくても、他の方法もあります。例えば、時給換算してみるのはどうでしょうか。同じく2024年2月時点で東京都における最低賃金は時給で1113円です。まあざっくりと1000円としましょう。そうした時に、同じく先ほどの詐欺案件と照らし合わせです。詐欺案件の最低投資額は50万円で、年間の配当だけで5万円、知人を紹介すれば上乗せで2・5万円、計7・5万円という好条件。これを東京都の時給換算でみると、約75時間の労働時間とイコールです。そこで、こんなふうに考えてみてください。「なぜこの投資案件はノーリスクで、一生懸命アルバイトをしている人の75時間にも相当する労働の対価を生み出しているのだろう？」そう思うと少しこの案件の中身が不安に思えてくるのではないでしょうか。

市場の金利水準は知らなくても、時給をざっくり知っていたり、世の中の年収を知っていたりと自分の知りうる数字の情報と、目の前にある案件の整合性を考えてみます。これが、世の中の基準となっている定量的な指標と比べてみる、と言うところの意味です。

つまるところ、基本的に世の中に美味しい話は転がっていないのです。これは労働のリスク・リターンのところでも触れましたが、基本的にリスクとリターンはトレードオフで表裏一体です。それはどのような金融商品でも同じで、儲け話の裏には必ず何らかのリスクがあります。そのリスクを隠そうとしてきている時点で、聞くにすら値しない話だと判断すれば大丈夫です。万が一、運悪くこのような話を信頼している人から持ち掛けれた時には優しくこう言ってあげてください。

「no music no life。あ、違う違う。no risk no return」

◇第5章のまとめ

■お金自体を信じても何の意味もなく、お金のその先にいる人を信じるかどうか、が大事。

■金融がらみの判断を迫られた時には、誰かを頼っても良いが最後は自分で判断して責任を全うする。

■詐欺に合わないために、まずは一度立ち止まる。

■対象となる案件と、世の中の基準となっている数字を比べて違和感を感じる。

コラム　運用のプロはいくら増やしたいか

　ぼくは投資運用のプロの世界で仕事をしてきた経験があります。特に会社員として最後に在籍した会社は、アメリカを拠点とするグローバルな金融機関の投資運用部門でした。拠点は、ニューヨーク、ロンドン、シンガポール、ムンバイ、東京を初め世界各国に配備され、スタッフは世界中からエリートが集まっていました。ハーバード、スタンフォード、ウォートン、ケンブリッジ…、挙げだしたらキリがありませんが、世界最高峰の頭脳が集結するような環境です。そんなスーパーエリートたちなので、さぞかしスマートにサクッと働くと思いきや、これがまた違います。あんぐりするほど働くのです。世界中のマーケットが主戦場になり、なおかつ同僚も世界中に散らばっていますので、時差の問題もあり、文字通り昼夜問わず働いているようなイメージです。東京からニューヨークにメールを送って、向こうの深夜なのか明け方なのかの時間帯だったとして、素早い返事は期待していないのに、なぜかすぐにメールが返ってくる…「おまえ、どんな時間に仕事しとんねん」と心の中で突っ込みを入れたことは数知れません。そんなエリート中のエリートたちが命を懸けて働いて投資運用という仕事に向き合った先に、一体何を目指しているのか。正確に言うと、色々な戦略や投資先によっても目標は変わってきますが、代表的な目標は〝お客様から預かった資産を、年間で7～8％以上増やすこと〟です。これはなぜかと言うと、グローバルな株式市場の長期での収益率を平均すると、大体1年間で7~8%の成長に落ち着くことが知られており、お客様からは「せっかくプロに任せるんだから、その平均値である7~8%以上は増やしてね」というオーダーが多いためです。何が言いたいかと言うと、年間でプラス7~8%資産を増やす目標のために、世界中からエリートが集まり、その頭脳とハードワークをもって昼夜問わず死ぬ気で働いているのです。そして成績が残せない運用者たちはいくら頭が良かろうが頑張って寝ずに働こうが、クビにされることもあります。これが投資運用のプロたちの世界です。そこまでして、たった7~8%が目標？と思われた方も多いのではないでしょうか。しかし、実際に長期でやればやるほどこの目標は高く険しいのです。マーケットはそんなに甘くないということですね。したがって、怪しい話に遭遇した時には、一度世の中の基準となっている定量的な指標と比べてみる、というお話をしましたが、もしよければこのグローバルな運用のプロたちの世界観も覚えておいてください。美味しい儲け話が転がり込んできても、いったん立ち止まり「ものすごく頭良い人たちが寝る暇も惜しんでたった7~8%のために働いてるって聞いたことあるけど、それを考えると何かこの話怪しいな…」

という具合の一つの指標になれば幸いです。ちなみに、ぼく自身はそんなエリートたちとは一線を画す？存在で、世界最高峰の頭脳も持っていませんし、海外経験も無くしっかり英語も苦手で、ごくごく普通の気さくなサラリーマンでした。そんな環境の中では特殊な存在だったにもかかわらず、幸運にも恵まれて良い経験をさせていただきました。

第6章

その１万円は本当に１万円？

お金と向き合うために必要な基本知識

この1万円は未来もずっと1万円であり続けるのか。そう考えただけで不思議な感覚を覚えると同時に、無限の彼方へ思考を及ばせるのは私だけでしょうか。お前だけだ、と聞こえてきました。早速本題に入りましょう。何度も触れている通り、金融リテラシーとは一人一人が幸せな人生を全うするためのサポートツールです。小難しい経済用語を理解して、小手先の投資について理解を深めて、お金を増やすこと自体は目的ではありません。その基本原則に注意しながらも、いくつかの基礎的な知識や考え方を紹介していきたいと思います。突然ですが、今日のお金と明日のお金、どちらの価値が高いと思いますか。どこからか「そんなもん同じだろ」という声が聞こえてきました。私もそう思っています…。しかし、ここで言う価値というのは、自分の主観で判断する価値ではなくて、金融市場が客観的に判断する価値という意味です。実はお金の価値というのは、とても変化し易いものです。その変化を捉えるために必要な知識を一緒に考えていきます。実生活に役立つ話もあるので、しばらくお付き合いください。

お金の現在価値と将来価値

先ほど、今日のお金と明日のお金、どちらの価値が高いと思いますか。と、お聞きしましたが、ここからはその答えに迫っていきます。その答えのヒントをくれるのがお金の〝現在価値〟と〝将来価値〟という考え方です。

いきなりですが、国債という言葉は知っていますか。国の借金というふうな言われ方をして、よく日本国債の発行残高が〇〇兆円を超えて、国民一人辺りの借金は〇〇円にもなります！というようなニュースを聞く機会があるのではないでしょうか。（ちなみにぼくは国債を国民の借金に例えるのは極めて不適切であり、間違いだと思っている派です。あのようなニュースを見ると、不適切にもほどがある…といつも思ってしまいます。が、ここでその議論は本題ではないので、国債に対する熱い想いはそっと胸の奥にしまっておきます。）その国債ですが、政府が発行している借金なのですが、実は政府が100％返済を保証している借金で、言い換えればその国債を買う人にとっては〝100％元本保証がされた投資商品〟というイメージです。

投資には基本的に元本保証は無いのですが、唯一公式に？元本保証されている投資商品がこの国債です。日本の国債、アメリカの国債、ドイツの国債といった具合で世界各国で発行されています。例えば今、日本政府は1億円が欲しい状態だとします。その時に1億円の国債を発行して誰かにその国債を買ってもらいます。買う側は単純に1億円出して国債を買っても何の得にもなりませんので、ある程度の利子を要求します。例えばその利子が年間で1％だとしたら、その国債を買った投資家は1億円という投資元本の保証も受けられて、なおかつ1年間に1％の利子分である100万円も受け取れる、というような仕組みの投資商品です。

この国債という投資商品の特徴として、利子（金利）が挙げられます。それぞれの国が発行している国債ですが、2024年2月時点で、10年国債（10年間持ち続けると元本保証してくれる国債）の金利を例にみると、日本が0・7％、アメリカが4・2％、ドイツ2・3％という具合にそれぞれの国の経済状況に合わせてた金利が設定されています。例えばアメリカ国債を100ドル買って10年持ち続けたら、投資元本100ドルは10年後に元本保証の100ドルがまるっと戻ってきて、なおかつ毎年金利である4・2ドルを受け取れる。国債という元本保証された投資を行うことによって、100ドルは1年間でリスクなしで104・2ドルになります。ですので、**金融的な発想でみると、アメリカ人にとっては今日の100ドルと、1年後の104・2ドルは同じ価値だと判断する訳です。**（ちなみに1年後の100ドルの価値は、金利の分だけ割引されて現時点では約96ドルで評価されます。）

これがお金には現在の価値と将来の価値があるイメージです。なぜこの説明をするのに、しつこく国債、国債と言うかというと、実は〝元本保証〟という言葉がポイントです。元本保証ということは、投資した額に加えてリスクなしに金利分だけ受け取れることになります。先ほどのアメリカの例で言うと、アメリカ国債を買う人は何のリスクもなしに4・2％の金利が受け取れ100ドルが1年後に104・2ドルになることが約束されています。そのように元本保証が約束された金利はリスクフリーレート（リスクが無い金利）と言われます。各国の金融市場では、お金の価値はこのリスクフリーレートが強く意識され日々刻々と変化しています。

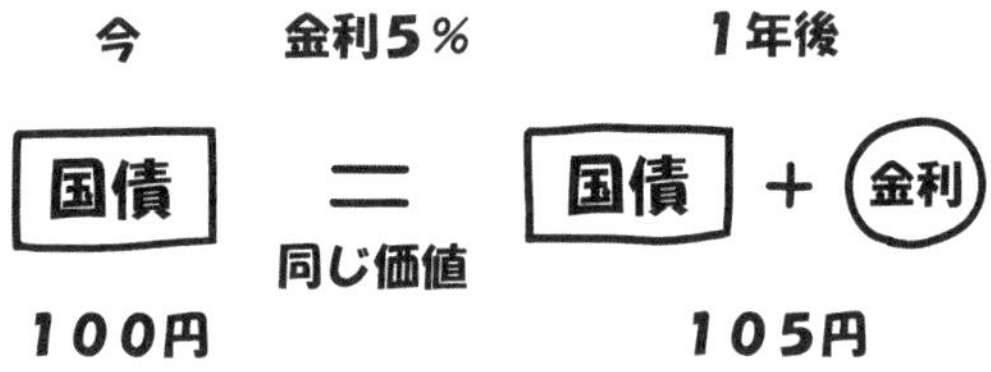

業界の人が何も生まない現金を嫌う理由かも？

この考え方がベースにあるので、金融業界の人は金利を生まない現金を嫌う傾向があります。金利のある世界では、100円をそのまま持ち続けていると、基本的には価値がどんどん目減りするという評価がなされるからです。それを理解した上で、仮に現金を持っていることをとやかく言われても、彼らの話を聞く時にかなり対等に構えられます。「そんなこと知ってるよ。その上で私は現金を持っているんだから」と。

今日の100円と、明日の100円、1年後の100円はそれぞれ価値が違うんだなあ…と少しでも意識できれば、今まで考えもしなかった発想でお金のことを考えるきっかけになりますので、是非覚えていただければと思います。子どもとお金の現在価値と将来価値の話をする時には、国債の話を真面目にするのも少し気が引けるので、例えばお年玉を使って「今年貰ったお年玉全額預けてくれたら1年後に5%増やして全額返してあげるけど、さあ君はどうする?!」というふうに大人がアメリカ政府の代わりになってあげて、お金の現在価値と将来価値を考えるヒントを作ってあげるのも良いかもしれません。大人にとっても良い頭の体操になりますし、子どもにとっても初めて触れる概念にどう対処するかを考えるきっかけになるはずです。

◎金利の概念

国債の説明をした時に金利という言葉がでてきましたが、皆さんは金利について普段意識することはあるでしょうか。既にご存知かもしれませんが、金利を理解することによって、様々な場面で役立ってくれることがあります。謎のお勉強タイムになりつつありますが頑張って前に進みましょう。

皆さんにとって身近な金利とは何でしょうか。銀行の普通預金に預けているとつく金利、定期預金の金利、住宅ローンの金利などは身近な金利の代表格でしょうか。この3つで言うと、普通預金や定期預金の金利は〝貰う金利〟で、住宅ローンは〝払う金利〟です。貰う金利は嬉しいのですが、払う金利は出ていく一方なので、注意すべきポイントを確認していきましょう。

まずは基本的なルールからです。**よく新聞やニュースで聞く金利の数字は、原則1年間で支払**

われる金利を意味しています。何回も例に出して恐縮ですが、例えば普通預金の金利が0・001%と言われると1年間に金利分0・001%増えます、という意味ですし、住宅ローン金利が1・5%と言われると、借りているお金に対して、1年間で1・5%の金利分を返さないといけないということです。

2000万円住宅ローンで借りているなら、1年間に金利だけで30万円返すことになります。1年間で金利+元本分も返しているので、返済で幾ばくか減った元本に対して、また2年目に1・5%分の金利がかかるという具合に、全てにおいて金利は1年を基準に計算されます。**返済は金利+元本分で行うので返しても返してもなかなか減りづらいのが借金であり、その根源は金利**、という訳です。

この金利ですが、金融の世界で仕事をしていると本当にありとあらゆる金利を扱います。政策金利、国債金利、銀行間取引金利、プライム金利などなど馴染みの無いマニアックな金利がざっとあるのですが、そのような普段聞いたことのない金利が、実は私たちの銀行預金の金利や、住宅ローンの金利など色々な金利を決める際の基準になっています。しかし、そのありとあらゆる金利を細かく理解することは重要ではありません。金利というものは色々ある、そしてそれぞれが複雑な要素で決まっており、それが自分たちの生活にも多少の影響を及ぼす、というざっくりの理解で十分です。実際ぼくも全ての金利に精通している訳ではなく、自分の生活に関係のある金利をごくごくたまに確認する程度です。市場で多くの人に関係する金利の変動があれば自然とニュースなどで流れてきます。住宅ローンへの影響が…などと世間が騒がしくなってくるはずなので、そうなれば改めて自分に影響があるのか無いのかを確認し、ある場合は打ち手を考える、というような流れがいいかと思います。

そんな金利ですが、金利もやっぱり信用からなります。貸し手の気持ちになって考えると分かり易いのですが、〝貸した金を明日返してもらう〟という契約をしたとします。貸す相手も信用できるし、さすがに明日なので、きっと返ってくるだろう。と想定し、プレミアムである金利はちょっとでいいですよ、となります。一方で、〝貸した金を30年後に返してもらう〟という場合はどうでしょうか。いくら貸す相手が信用できるからといって、相手の30年後を想像するのは容易ではありません。そうすると相手の信用に対して不確実性が生まれて、申し訳ありませんが、明日返してもらうお金とは訳が違うので、金利はそれなりに高めにつけさせていただきます、ということになります。金利は信用で決まり、その信用はその期間が長くなればなるほど薄らいでいく、したがって**短期の金利は低く、長期の金利は高い傾向になる**のは金融の世界の常です。この原則を覚えていれば、返済期間が短いのに異常に高い金利を突き付けられるようなことがあったとしても、何かおかしい…と勘づけることもあるはずです。

この金利ですが、子どもたちにはどう説明しましょうか。貸し借りと信用の関係を説明した時にも触れましたが、ぼくはいつも金利をレンタル料というふうに考えています。何かを借りる時に、例えばレンタカーでも、本でも、DVDでも良いのですが、基本的にレンタル料を払います。子どもたちはここにはピンときます。では、お金を借りる時には金利が利子が…と言うと急にとっつきにくくなりますので、金利も利子も利息も同じもので、まとめてレンタル料と教えています。レンタカーを借りる時にレンタル料が必要なように、お金を借りる時にもレンタル料が必要なんだよ、と。そして、〝レンタル〟なのだから当然借りたお金は返さなくてはいけないし、レンタル料も一緒に返す、と。そのレンタル料が金利なんだよ、というふうに身近なもので置き換えて感覚を養うことができれば良いのではないかと思います。借りた1万円は、返す時には1万円ではなく＋レンタル料である金利を上乗せすることが基本です。

お金の価値とインフレ・デフレ

お金の現在価値と将来価値、金利の話まできましたのでこのまま一気にいってしまいましょう。

地獄の勉強タイムももうすぐ終わりです。つぎはインフレとデフレです。日本は30年以上のデフレに苦しんでいる、2024年は日経平均も過去最高を更新して経済も上向き、いよいよインフレの時代になる等々、ニュースで何かと〝インフレ〟、〝デフレ〟という言葉を聞くことはないでしょうか。小難しい経済用語ではあるのですが、出来るだけシンプルにこのインフレとデフレをお伝えします。この後に続く投資の話にも絡んできますので、少しお付き合いください。

2022年、不幸にもウクライナとロシアの戦争が始まってしまい、その混乱から世界的な食料、エネルギー関連資源を始めとする価格の高騰が発生しました。海外から輸入される石油、石炭、天然ガスなどの化石燃料に大きく依存している日本は、戦争による輸入コスト増大で大きな影響を受けることになります。この頃から、〝物価高〟という言葉が世間を賑わせるようになります。30年以上殆どモノやサービスの値段が上がらなかった日本にとっては縁のなかった現象です。

実はこの物価高がお金の価値、インフレ、デフレを読み解く上ですごく分かり易いのでご説明します。ぼくは焼き鳥が大好きです。約20年前大阪に住んでいた頃から足しげく通っている焼鳥屋さんもあれば、東京の家の近所の商店街にひっそりと佇む昭和レトロな焼鳥屋さんにも通っています。時代を超えて焼き鳥を愛してきた男と言ってもよいでしょう。そんな焼き鳥好きなぼくが20年前よく通っていた大阪の焼鳥屋さんは、大きな焼き鳥2本がドーンとお皿にのって税込みで280円でした。280円で美味しい焼き鳥が食べられて、学生ながらその焼鳥屋に行くたびに貴族にでもなったような感覚を味わうことができ、今でも大好きな焼鳥屋さんです。その焼き鳥ですが、2024年2月現在ではいくらで提供されているかと言うと、同じく大きな焼き鳥2本がドーンとお皿にのって、税込みで360円です。同じ物（モノ）でも20年前より値段が高くなっています。まさに物価高ですね。これがまずインフレを読み解く材料になります。

20年前のぼくがこの店に行った時に3000円を握りしめていたとしましょう。（実際に3000円でしばしば突撃していました…）焼き鳥10皿食べて、おつりが200円貰えるという驚異の満足度です。

それが2024年に3000円を握りしめて突撃するとどうでしょうか。一皿360円ですので、8皿食べて、おつりが120円貰えるという具合です。それでも驚異の満足度ですが…。

お気づきでしょうか。同じ3000円を握りしめても、20年前と比べて現代では、食べられる焼き鳥の数が減っており、言い換えれば3000円というお金の持つ価値が減っていると言えます。これが物価高であり、インフレの正体です。
つまり、**インフレはモノの値段が上がり、お金の価値が減ること**です。しっくりきたでしょうか…。

では、逆にデフレはどうでしょうか。これはインフレとは全く逆の現象です。逆に今360円の焼き鳥が将来また280円に下がったとしましょう。その場合には、今であれば3000円で8皿しか食べられない焼き鳥が、10皿食べられるようになり、3000円というお金の持つ価値が増えたと言えます。つまり、**デフレはモノの値段が下がり、お金の価値が上がること**です。

ちなみに日本は1990年代のバブル崩壊以降、約30年間ものデフレが続いたと言われており、その間モノの値段は低く、お金の価値はずっと高かったと言えます。ということは、人々はお金の価値が高いのだから、お金を持とうとします。つまりデフレ下では、お金を積極的に使わずにお金を貯めることが正解なのです。日本人は貯金ばかりして投資をしない、と杓子定規な意見がよく聞かれますが、デフレ下では当然の行動で極めて経済合理的です。そのデフレが終わるかもしれない日本において、これからのお金の価値をどう見極めていくか、というのも大事な視点なのかもしれません。子どもたちに3000円を渡して焼鳥屋に突撃させるのはさすがに気が引けるので、例えば普段のお小遣いで買えるおやつがあったとして、以前と比べて分かり易く値段が上がったものに目を付けて一緒に買い物に行ってあげてください。先ほどぼくが体験した焼き鳥体験の、お菓子バージョンで子どもたちに対しても物価とお金の価値の関係を話すきっかけになります。やはり、大人も子どもも「このお金は未来も同じ価値を持ち続けるのか」という疑問を持つことが大切だと思います。

◆第6章のまとめ

■お金には現在価値と、将来価値があり、金利が深く関係している。

■金利は1年単位で計算される。短い期間だと低く、長い期間だと高い傾向がある。

■インフレはモノの値段が上がって、お金の価値が下がること。

■デフレはモノの値段が下がって、お金の価値が上がること。

コラム　住宅ローンはどでかい借金

皆さん、住宅ローンしてますか？　いきなり、セコムしてますか？　的にすみません。住宅ローンは、その名の通り住宅を買うために組むローンであり、夢のマイホームを手に入れるためには必要不可欠な手段です。持ち家派が勢力として一定数いる日本では、この住宅ローンは比較的当たり前のように大人の世界に広がっている金融商品です。しかし、〝住宅ローン〟という響きで、いかにも世の中に浸透しているふうに装っていますが、これはなんてことはない立派な借金です。ファイナンシャルプランナーや人気の金融関係の論者の間ではよく、「借金には良い借金と悪い借金があって、住宅ローンは良い借金だ」ということを語る人がいます。確かにコーポレートファイナンスなど、高度な企業財務戦略に絡むような借金には良い借金と悪い借金が明確にあります。ですが、個人が負う借金に良い借金などあるのでしょうか。ぼくは割と懐疑的な立場です。もしかしたらあるかもしれませんが、一人一人の収入の状況、時と場合によるのは言うまでもありません。何度も言っているように金融商品というのはリスクとリターンが表裏一体です。住宅ローンは良い借金で賃貸よりもお得だ、というのは表面上だけの理解に過ぎず、背後には必ず賃貸とのトレードオフの関係が存在します。ここではそのトレードオフについて深堀りはしませんが、家という大きな買い物のためのどでかい借金ですので、是非慎重に考えてもらえればと思います。ちなみにぼくは持ち家派か賃貸派かで言うと、〝今〟は賃貸派です。ですが、20代後半の頃は持ち家派だったので、その頃に家を買ってしまっておりガッツリと住宅ローンを組んでいます…。その結果、何千万円という借金を背負いつつも毎日元気ハツラツに生きています。諸事情があり今住んでいる家は売るに売れず、動かざること山のごとし。はからずも、どっしりと一国一城の主として構えてしまっています。色々な思いが交錯するこの東京砂漠ですが、住宅ローンとレンタルビデオは早く返すに限ります。

第7章

色々な投資

人への投資

この章では投資について語っていきましょう。巷の金融教育はほぼほぼイコールで投資教育になっているのではないか、ということを先に述べましたが、その投資教育というのはより正確には金融商品に対する投資を意味します。投資といえば株や不動産や通貨（FX）だろうとイメージする方が多いかと思いますが、ぼくは投資というのはもっと広義でみるべきだと考えています。**投資とは「未来の成長のために、今何らかの形で対価を支払う」と考えることができます。**それが金銭の成長のためでも、人の成長であっても、国の成長であっても、世界全体の成長であっても、ペットの成長であっても同じことです。ですので、株や不動産を買って資産価値が上がったので、嬉しい。というのは投資のごく一面に過ぎないのだということをイメージしていただければ良いと思います。是非子どもたちにも投資についてはいわゆるお金を増やすことを意味するのではなく、もっと広い意味があるということを伝えてあげてください。

それでは、具体的に見ていきましょう。色々な投資がある中で、ここでは特に〝人〟への投資について考えます。突然ですが、皆さんはどなたに育てられたでしょうか。ぼくの場合は生まれてから両親に育てられ、そのおかげでここまで生きてこられました。親が子を思う気持ち、健やかに成長してほしい、そのために無償の愛を注ぐということは一般的ですが、これは典型的な人への投資と捉えることができます。〝投資〟と言うとイメージが悪い、と思われるかもしれませんがそれはそもそも投資のイメージが〝お金〟に寄りすぎているからです。ですので、是非ここで投資自体のイメージを変えていただければ幸いです。話を戻して、親が子を育てることについては、「子どもの未来の成長のために、今、育児であったり様々な教育という形で対価を支払う」と考えることができます。

対価というのはお金でなくても、時間や労力もカウントされることも大事なポイントです。人は基本的に投資で育っているのです。親と子の関係では、投資する人（親）が自分以外（子）にする投資という構図ですが、勿論自分が自分に対して行う投資もあります。多くの人は人生の中で、未来の自分のために頑張った経験があるのではないでしょうか。学校での勉強や、いやいや通った習い事など、無意識にやっていた将来の成長への投資もあるかもしれません。ぼくの例で言うと、ご案内の通り10代から20代前半の頃は根性が腐っていたので、「仕事したくない。出来るだけ早くリタイアしたい。できれば早く辞めたい」と強く考えていました。その結果、逆説的ですが必死に働き給料を上げようと考え、若いうちに稼いでしまって後は悠々自適を目指していました…。理由は不純？ですが、今振り返るとあれも立派な自分への投資だったと思います。将来の自分のキャリア的な成長のために頑張って働きましたし、周りが遊んだり飲み歩いている時も資格試験の勉強を朝から晩までしたり、まさに自分の成長のために相応の対価を支払った自分への投資だと言えます。

子育ても、ぼくの例もそうですが、決して未来の成長が確約されている訳ではない中で、頑張って色々な対価を払って今を生きる。そう考えると、一般的なイメージである金融商品への投資とも似通っているところはあるのではないでしょうか。さらに、結局この〝**人への投資**〟**が私たちの生きる世界で一番大事な投資な気もします。親が将来の子を思う愛情、自分が自分の未来のためにする努力、第三者の将来に対する支援、どれもこれも金融的な投資よりも尊く、本質的だと思います。**人への投資に対するリターンは、年収アップなどお金で測れる成長もありますが、子どもが健康で無事に成長する、支援した人が期待どおりの生活や環境を手に入れる等々、お金では測れないリターンも多々あるはずです。そう考えると投資の可能性は無限大であり、本質的な投資について考えるとなぜかワクワクするのはぼくだけでしょうか。

◎金融商品への投資

人への投資が本質的な投資だ、ということを言いましたが、一方で幸せな人生を全うするために多かれ少なかれお金は影響力を持つ以上、現実的な話もせざるを得ません。では、いよいよここからは少し金融商品への投資についても考えていきましょう。いわゆる一般的にイメージされる投資のことです。投じたお金が上がった下がったという、あの投資です。

金融商品への投資の種類については、掘れば掘るほど湧いてくるというか、もう無限温泉状態です。実際の温泉は有限で貴重な資源ですが、金融商品というのは人間が無限に作り出せるイリュージョンのようなものです。よく業界ではカッコよく〝金融商品の組成〟などと言ったりして、その種類も多種多様ですが、実は構成されている基本パーツは全てシンプルです。それらを色々と組み合わせて、違った形のものを作るというブロックのおもちゃのようなイメージで色々な金融商品が完成します。そんな金融商品ですが、メジャーどころでは、株式、債券、不動産、外国為替などがありますが、加えてデリバティブと呼ばれる金融派生商品といわれる類のもの、最近では暗号通貨なども投資の対象となりました。（正確にはその辺りはもはや投資ではなく投機・ギャンブルなのですが…）

金融業界の人はシンプルなものを複雑化して見えにくくする、もしくは謎の英語を多用してあたかも高尚なもののように見せるのが得意だということをよく思います。例えば、単に「株式投資は世界中の会社を対象にするべきだよね」ということを表現するのに「ポートフォリオのエクスポージャーはエクイティのベータリスクだけで十分だから、やっぱアクウィのロングポジションだよね」となる可能性すらあります。これはもはや金融に馴染みのない人にとっては謎の呪文です。金融はそれ自体が、高度な数学や統計学、物理学などを背景とした金融工学と呼ばれる学問として発展してきていることもあり、高度な金融に関わっている中の人であればあるほど、高尚でありたい、特別感を出したいという気持ちがあると思います。ということで、いざ金融に馴染みのない人が金融商品への投資を検討してみた時に、その入り口の複雑怪奇さにびっくりして「良く分からない…、しかも減る可能性もあって危ないから、やっぱりやめとこう」となる人が多いのではないでしょうか。

金融の世界の人はシンプルなものを無駄に?複雑にする傾向があります。しかし、ここでお伝えしたいのは実は金融商品への投資は極めてシンプルに考えてよいということです。実はシンプルなものほど投資に値する金融商品だということをご理解いただきたいのです。ここでいくつかの代表的な金融商品をぼくなりに整理していきたいと思いますので、是非参考にしてみてください。

1．株式　これは私たち個人が投資対象とすべき一番の筆頭格です。詳しい理由は次の章でしっかりと説明します。

2．債券　これは株式投資を始めるとセットで出てくる業界では定番の金融商品ですが、ぼくはあまりお勧めしません。理由を一言で言うなら、難しいからです…。国債の説明をした時に少しでてきましたが、債券とは、国や会社が発行する借金であり、その借金を国債や社債と名付けて、投資家に買ってもらいます。投資家はあらかじめ決められた金利の受け取りと、満期まで持ち続けると元本の保証もついてくるという金融商品です。元本保証がされる国債もあれば、そうでない社債もあり、その他にも債券の種類は無数にあります。色々な判断が必要になるのが債券投資です。元本保証されている国債投資であっても注意点があり、条件を満たさないと元本保証が外れる場合もあります。要は複雑なのです。加えて債券は、誰かの債務を権利として買い取る形式のもので、その成長性は有限です。借金なので成長するという概念がありません。ですので、投資対象としては戦略的に使わないと効果を最大限に発揮できませんし、その戦略は極めて複雑です。ですので、個人の投資対象としては忘れてください。

3. 不動産　よく家のポストに「利回り○○%!会社員でもできる不動産投資」みたいなチラシ入っていませんか?そうなんです。不動産は投資対象にもなり得て、しかも結構なマーケットを確立しているのです。しかし、これも個人的には投資対象としてはお勧めしません。理由はシンプルで、ぼくは個人が借金をしてまで投資をするのはリスクが大きすぎると考えているからです。多くの人は家を買う、マンション投資をするといった際にローン、つまり借金をします。よほどの大金持ちでない限り、多くの場合、不動産投資は借金をしないとできない投資なのです。ちなみに、持ち家を購入する際に「少しでも資産価値が上がりそうだから」という下心をのぞかせて頑張ってローンを組む方も多く見てきていますが、それをあてにした借金はいかがなものでしょうか。買う家はあくまで長きにわたって住み続けることを前提に買うべきであって、資産性を目的にして借金をしてまで買うのは相応のリスクを取っている自覚をしたほうが良いでしょう。自然災害の多い日本ですので予期せぬ損害が家に降りかかり、残ったのは借金だけ…となる可能性もあるのです。

4. 外国為替　投資対象にしてはいけません。為替、FXで利益を狙う!というのはありがちですが、為替の世界は残酷で、誰かが利益を上げれば誰かが損失を被っている、いわゆるゼロサムゲームの世界です。そんな世界で投資家として生き残れるのは至難のわざですし、為替は投資ではなく、ただのギャンブルと思っていただいて問題ありません。為替のマーケットはプロでも分析することは困難なのです。

5. 金融派生商品（先物取引、オプション、CFDなど）これもやはり投資対象にしてはいけません。理由は、複雑すぎてしかも投機的であり、ギャンブルに近いものだからです。本来は、完全にプロ用マーケットなのですが、個人投資家がそそのかされて金融機関に手数料だけ吸い上げられる良い例です。

ちなみに少し専門的ですが、プロ（ちゃんとした機関投資家と呼ばれる運用主体を指します）はリターンを上げる目的で金融派生商品を利用することは殆どありません。利用目的はリスクを軽減するためです。ですので、プロでもこんなものを使って儲けようとしていない、ということです。

6. その他（暗号通貨、アート、太陽光などの実物投資、etc）。この辺りは正直に言うと専門外なのですが、投資対象としてはやめてください。理由としては、そもそも判断ができないためです。なぜ判断ができないかと言うと、十分な過去の統計的データが無いことが多いからです。業界では過去の統計データをトラックレコードと言いますが、このトラックレコードが最低でも20~30年は欲しいところです。暗号通貨などは特にその可能性を信じ多くの人を魅了していますが、ぼくは今のところ全く判断できませんし、内容についてもいくら勉強しても理解できません。自分が理解できないものはいったん立ち止まるというルールを自分にも適用している状態です。皆さんも気を付けてください。

という具合にざっと見てきましたが、結局1の株式推しとなりました。ぼくの推しはいつでも株式一択です。(別途アイドル推しもしていますが、ここでは触れないでおきましょう)結果的に、子どもと金融商品への投資について話す時は株式投資が適切です。実際にぼくも小学校中学年以降の年齢であれば積極的に株式投資の仕組みとその意義を話すようにしています。意義などについては後ほど。もったいぶってすみません。

以上は、個人的な見解であり、この見方が100%正しい確証はありませんが、次の章でなぜ株式だけにたどり着くのかをじっくり語っていきたいと思います。言うまでもなく1~6全てにリターンに見合ったリスクが存在し、もし株式以外に興味を持たれた場合でも、ご自身で十分に納得の上、ご判断いただければと思います。

◎金融商品への投資をどう実行するのか

ここまで色々な投資があるということでご紹介してきましたが、ここからはそもそも投資をどう実行するのかという話、特に金融商品への投資についてどう実行するのかという話をしていきたいと思います。投資をするには何が必要でしょうか。リスクを取る〝勇気〟、投資を勉強する〝やる気〟、損をしても動じない〝男気〟、色々とあるかもしれませんが、そもそも絶対に必要なのが〝原資〟です。（〝気〟で統一しないのか、というツッコミは甘んじて受けます…）

原資、金融商品へ投資するための元手、つまりお金です。そして、そのお金はどうやって得るのでしょうか。第3章でも詳しくお話したように、やはり大原則は〝働く〟ことです。**多くの人にとって、とにもかくにも働かずして安定的に自由に使えるお金を得ることはできません。投資はうまくいけば〝複利〟と呼ばれる、利益が利益を生む効果で雪だるま式に投資金額が膨らんでいくことが知られています。**しかし、そもそも雪だるまは雪が降らなくては作れません。雪であるお金は働いて得ることが鉄則です。

また、**投資は収入のうち、基本的な支出を全て差し引いてそれでもなお余剰資金がある場合にやる、というスタンスが基本**です。要は、あぶく銭でやってくださいということです。日々の大事な生活費などを削ってまで投資をするのは考え物です。そうすると、必然的にそれぞれのレベル感は違えど、収支に余裕のある人がやるべきことなのです。したがって、**金融商品への投資がしたいけど余裕が無い…という人はどうするべきでしょうか。そう、頑張って働くのです。もっと正確に言うと、そのステージの場合は金融商品への投資などしている場合ではなく、〝自分への投資〟に注力すべきでしょう。**収支に余裕を持たせるために、良い給料を目指し自分への投資を行いスキルアップをして、それを会社や周りの利害関係者などに証明して、成長した自分に対する適正な対価であるお金を得る。これが非常に重要です。

そうして稼ぐ力をあげることで収支に余裕がでた時に初めて金融商品への投資の道筋が見えてきます。ちなみに、どれくらいの収支バランスで、どのような給与水準までいけば金融商品への投資の道が開けるかどうかは100人いれば100通りあるはずです。スーパービジネスマンになって年収1000万円無いと金融商品への投資などできない、ということは全くありませんのでご安心ください。追って説明しますが、株式投資は今の時代100円からでもできます。自分への投資も、金融商品への投資も身の丈に合ったレベル感を目指してすべきなのです。では、いよいよ次の章でその株式投資に迫ってみましょう。

◇第7章のまとめ

■投資とは、単にお金を増やすことを意味するのではなく、もっと広い意味がある。

■投資対象としての金融商品は色々なモノがある。

■基本的には株式投資をお勧めしたい。

■そもそも金融商品へ投資するためには、やっぱり働くことが大切。

コラム　学校の勉強は意味が無い？

皆さんは勉強が好きですか。ぼくは好きではないですし苦手です。中学までは何とか学校の授業についていっていた記憶がありますが、高校からは全てが崩壊したと認識しています…何も理解できなくなったので、理解することを諦めてひたすら暗記という100本ノックを自分に課したあの日が懐かしいです。苦手意識があるということで、勉強が得意な方の気持ちは分からないので、主に苦手な気持ち派閥からの考えを聞いてください。巷でもよく言われることですが、「こんなことを勉強して何の役に立つんだ」というフレーズ、一度は思ったことがありますよね。勉強が苦手な人ならなおさら感じる機会は多かったのではないでしょうか。ぼくも常にそう感じながら勉強に向き合っていました。

学校でする勉強について、我々大人はどう捉えるべきなのでしょうか。子どもに対する教育、特に義務教育やその先の高等教育は国家が担保すべき重要な投資だと言われることがよくあります。教育とは、国家が行う国民への投資の一つなのです。資源に乏しいわが国日本は、国力として考えた時に人こそが重要な資源であり、特に教育や科学技術の発展は、この先の日本の行く先を考える上でも非常に重要な要素だと思います。ということは、学校の勉強を提供するということとはつまり、国家が私たちと国の将来のために、今行っている投資と考えることができます。まだ社会に出る前の子たち何千万人に対して、すべからく行う投資ですから当然難易度は高く、高度な知見が求められるでしょう。一方で、投資を受ける側の（昔のぼくのように）「なんでこんな勉強せなあかんねん」という反発があったり、AIが進歩し続ける現代でこんな教育内容に意味があるのかなど、昨今ではSNS等による幅広い層からの教育批判が目立つようになりました。

細かい教育論についてぼくは知見が無いので多くを語ることはできませんが、一つ思うことがあります。「学校の勉強は意味が無い」と声高に叫んでいる論者ほど、日本の教育システムに乗っかり、そしてそのトップラインまで登りつめた人が多いのではないかと。経済的に成功している経営者や、社会的影響力をもつインテリ層がそうだと思うのですが、学生時代に東大に入った人が「東大に入っても意味が無い」と言ったり、そもそもがっつりと日本の義務教育を受けてきた人が「日本の義務教育はひどい」と言ってみたり。この方たちは頭が良く、人が見えない部分も見えて深く考える力があるので、そう言いたい気持ちは理解できるものの、いつもぼくはその議論をみて「でも、日本の教育受けてきて、今のあなたがいることは事実やん」と思ってしまいます。短絡的ですが…。

先ほど言った通り、日本ぐらいの人口規模で投資としての教育を実行することはかなり大変です。ぼくは、投資としてより高い平均を目指す方向性には何ら違和感はありません。にもかかわらず、教育について重箱の隅をつつくような批判を展開しても、あまり生産的では無いでしょう。批判を展開する方はせっかく頭が良くて、多かれ少なかれ日本の教育のおかげで、その才能をさらなる高みに持っていった人たちだと思いますので、学校でやる勉強の意義を少しでも見出して発信してくれればと願っています。振り返ると、ぼくは勉強が苦手で、何の役にたつんだ、と思いながらやっていましたが、学校の勉強のおかげで人生を助けられた局面は幾度となくあったと思います。日本の教育よ、ぼくなんかにも投資してくれてありがとうございます、と学校教育に関わる全ての人へ感謝の気持ちを表したいです。

第8章

お金のプロも未来は読めない

●資産形成とは

この章では特に投資は投資でも、金融商品への投資について詳しく見ていきます。便宜上、これ以降は金融商品への投資を単に〝投資〟と表現することとします。2024年から新NISA制度が整備され、投資についての興味を喚起しようと色々な媒体で、様々な情報が溢れかえっています。そんな情報の洪水に溺れないよう、しっかりと投資についての知見を身につけていただきたいと思います。しかし、安心してください。知れば知るほど、正しい投資はシンプルです。

皆さんは「貯蓄から資産形成へ」という言葉を聞いたことはあるでしょうか。一昔前は「貯蓄から投資へ」という言葉が多かったのですが〝投資〟と言うと直接的過ぎるから偉い人がよりキャッチーにしようと変更したのでしょうか。で、この「貯蓄から資産形成へ」は何を意味しているのでしょうか。人によって様々な定義で語られることがありますが、毎度おなじみ金融庁さんのお言葉を借りると、このような感じです。「資産形成には、〝貯蓄〟と〝投資〟の2つの方法があり、貯蓄とは、お金を貯めて蓄えること、投資とは、将来に向けて増やしていくために金融商品に資金を投じること。その時の資産状況や今後のライフプランなどに適した形で、貯蓄と投資を使い分けることが、資産形成を進めていく上で大切」

要するに資産形成＝貯蓄＋投資ということです。

皆さんに確認していただきたい**重要なポイントは、資産形成は（貯蓄＋投資）で達成できれば良い、ということです。**資産形成の基本は貯蓄です。投資には不確実性がありますので、資産形成においては貯蓄がメインエンジンになります。その上で、現在の収支を考えた上で、このままの貯蓄ペースだと将来に対する不安があるな、と感じるようであれば投資についても検討してみる、というのが正しい流れです。資産形成においては、初めから投資ありきではないということを肝に銘じて下さい。

その上で、貯蓄だけだと将来の不安がある、という方も多くいらっしゃるかと思いますし、むしろその方が多数派というのが現状かと思います。そうなると資産形成のもう一つのエンジンである〝投資〟にフォーカスが当たる訳です。貯蓄の方が重要なことは申し上げましたが、もう片翼を担うエンジンについても理解をした上で、しっかりと資産形成に向き合いましょう。

投資を理解し、資産形成における選択肢として持った上で、そのツールを使う、使わないの判断をすればいいのです。

100人いれば100通りの資産形成の考え方があるのが自然ですし、そこに必ずしも投資が入ってこないかもしれない。誰もが投資をしないとしっかりとした資産形成はできないし、そうしないと幸せな人生を送ることはできない、といった誤ったメッセージには注意が必要です。

では、いよいよ資産形成の選択肢として持つべき投資について、あれやこれやと語っていきます。投資運用関連は、一応ぼくの専門分野でもありますので、より一層張り切っていきたいと思います。

投資の王道、株式投資

世の中には実に様々な種類の投資先が存在します。第7章でも触れたように、ざっと思いつくだけでも株式、債券、不動産、外国為替（FX）、金融派生商品と呼ばれる先物取引、暗号通貨、金（ゴールド）、アートやワイン、カードゲームなどの実物投資、挙げだしたらキリがありません。そんな多様な投資対象の中でズバリこれというものは、株式投資です。「ああ、なんかこいつ急に雲行きが怪しくなってきた」と思われた方、大丈夫です。しっかりと怪しくない話をしていきますので、どうぞお付き合いください。

ぼくが株式投資を信頼している理由はただ一つです。**投資先である株式会社にしっかりと実体があり、そこには働く人の営みや想いがあります。そしてその実体と人の営みや想いが、確かな価値を生み出す力があるからです。**一体どういうことなのかを少し詳しく見ていきましょう。株式投資とは、まずは投資家が株式会社が発行する〝株式〟を購入します。そして、その会社の業績など企業価値の変動によって、購入した〝株式〟の価値も変動するといったイメージの投資です。要は、**投資先の会社の人たちが頑張って作った価値がお金を生み出し、それが投資している投資家に還元される**、ということです。**会社は新たな価値を生み出す可能性があるのです。**これが株式投資の一番大事なポイントです。価値を生み出すと言うと少し抽象的ですが、要は私たちの社会や目の前の生活をより豊かにするために、美味しい食べ物や、楽しいゲーム、パソコンやスマホを作ったりしてくれている、その主体の多くは株式会社だということです。

株式会社の仕組み

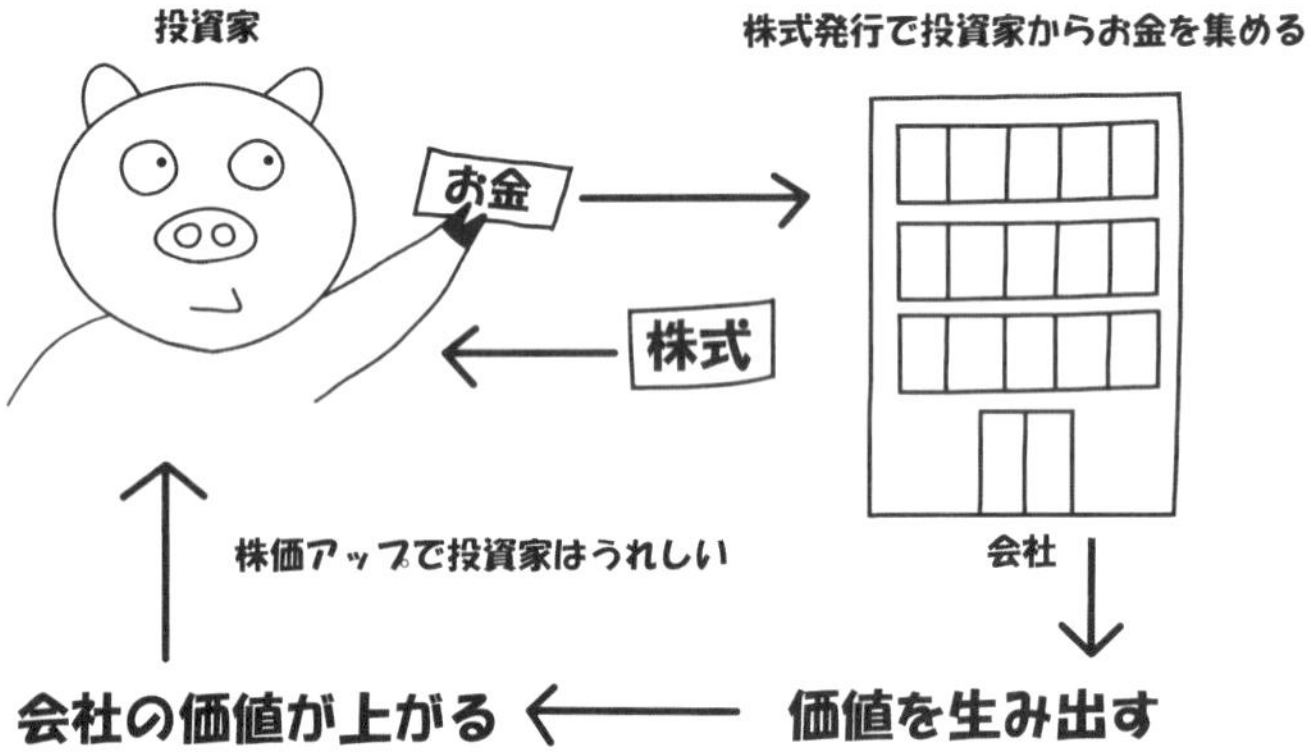

それに比べて他の投資先はどうでしょうか。例えば、債券を考えてみます。債券の細かい仕組みを説明しだすと日が暮れてしまいますので割愛しますが、債券は簡単に言うと、貸し借りの金融商品であり、そこから金利以外の価値が生まれることはありません。債券には金利を生む力はあっても、スマホを作り出す力はないのです。

不動産はどうでしょうか。不動産も土地や建物と言った確固たる実物としての価値はあるかもしれませんが、それ以上の明確な付加価値を生み出すことができるでしょうか。債券と同じように、不動産そのものにもゲームや美味しい食べ物を生み出す力はありません。他にも見てみると、外国為替（FX）に至ってはただの通貨の交換にすぎません。例えば、アメリカドルの方が日本円より価値が高くなれば、ドルを持っていると儲かる。その逆もしかりです。ここまでくるともはや投資でもなんでもない気がしてきませんか。実際にＦＸなどは投資ではなく投機的なギャンブルだと言っていいでしょう。株式会社と違って日本円やアメリカドル自体に何かを生み出す力は無いのです。

他にも挙げた数々の投資先、先物取引や、暗号通貨、金(ゴールド)、アートなども全て考え方は同じです。それ自体が取引対象として一定の価値があり、その市場の中で売り買いが行われて儲かる、儲からないがあるだけの話です。それ自体が何かを生み出す力を持つものではありません。そう捉えると、株式会社だけが投資対象として別格な存在なのです。

よく言われる話を付け加えておきます。皆さんはゼロサムゲームという言葉をご存知でしょうか。誰かが得をすると、一方で必ず誰かが損をしていて、全体を足すとプラスマイナ

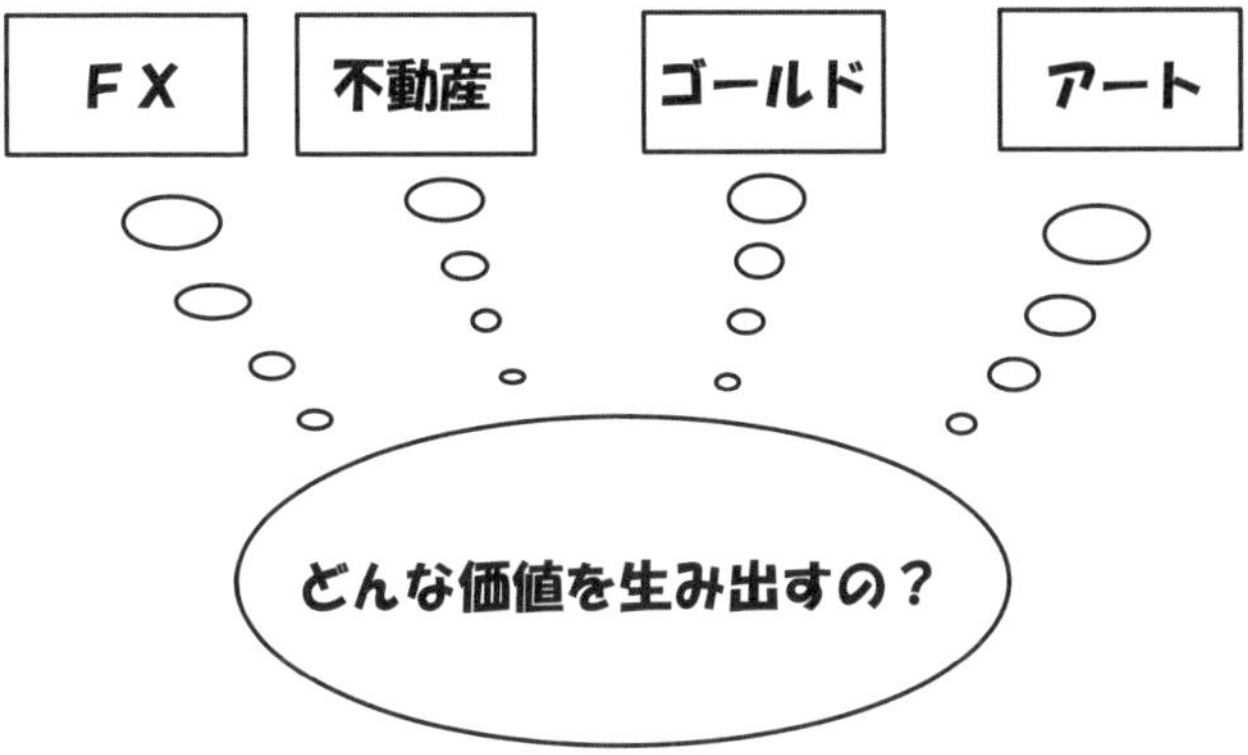

スゼロになることです。外国為替の取引などは、2国間の為替の取引を行うので市場全体が上がるということは絶対にありえません。一方の通貨の価値が上がれば、もう一方の通貨の価値は必ず下がることになるため、両者の損と得を合わせるとゼロになってしまい、ゼロサムゲームとなります。こんなものを投資対象としているようでは、所詮誰かの不幸を土台にしなくてはなりません。

ちなみに、全体の収益構造があらかじめ確定されており、サービス提供者が必ず儲かることが確実なもの、例えば宝くじや競馬などはマイナスサムゲームと呼ばれます。マイナスサムゲームは言わずもがな、ゼロサムゲームもギャンブルとして考えてもらって問題ありません。そこに持続的な発展、新たな付加価値の創造は無いからです。

そして、株式投資はと言うと、短期的な株式投資はゼロサムゲームであるが、長期的な株式投資はプラスサムゲームになると言われています。株式市場では最短数秒のうちに売ったり買ったりを繰り返すことができ、いわゆるデイトレーダーと言われる人たちが短期的な売買を繰り返し儲けを狙っています。その世界では勝者がいる背後で大量の敗者も存在し、常に短期的な売買を繰り返して勝ち続けるのは殆ど神業であり奇跡と言っていいでしょう。それこそ、グーパンで魔法使いに勝つようなものです。そこには持続的なプラス構造はありません。

では、なぜ長期的な株式投資はプラスサムゲームになるのでしょうか。それは長期でみれば株式市場は拡大可能性が非常に高いからです。そして過去の統計では実際に長期で見れば見るほど株式市場はゆっくりと拡大し続けてきました。当然、短期間でみると様々な外部要因や経済状況があり、浮き沈みがあります。短期的な売買をしている人はこの浮き沈みの渦の中で不毛な戦いをしているイメージです。しかし、長期間でみると事実として拡大を続けてきたのです。長期間で株式市場に参加し続けている人はその拡大の恩恵をすべからく受けることができ、特段誰かのマイナスの上に自分のプラスが成り立つという構図はありません。みんながプラスでハッピーな状態なのです。

本質的になぜそんな状況を生み出せるかと言うと、それは先にお話したように、株式投資の投資先である〝会社〟には価値を生み出す力があるからです。**会社を応援する気持ちで投じられた投資家のお金によって会社が何かしらの価値を生み出し、その価値はいずれ投資家に還元されます。**その還元には金銭的な還元も含まれますし、時にはその会社が生み出したモノやサービスも含まれます。長期でみると株式会社の活動によって社会が豊かになり、最終的には近江商人もまたまたびっくり、私たち個人／投資される会社／世の中全体が「三方よし」の状況になる可能性を秘めているのが株式会社への投資なのです。

よくよく考えてみれば、株式会社への投資以外にこんな効果をもたらしてくれる投資先はありません。このプラスサムゲームとゼロサムゲームの話は、子どもたちにとっても非常に重要な話になると思います。投資を考える上で是非子どもと一緒に、株式、不動産、トレカなどの実物、等々それぞれの投資がどんな意味を持っているのかを話し合ってみてください。きっと多くの気づきがあり、世の中で〝投資〟と言われているものが、本当に投資に値する投資なのかを判断する力を養うことになると思います。

投資のリスク・リターン

投資をする際にはリスクは付き物です。ここでは投資におけるリスクとリターンについてみていきます。第3章で労働のリスク・リターンというテーマを取り上げましたが、ここでは投資商品のリスクとリターンです。ここまで、ぼくなりの整理で投資に値するのは株式であるという前提を作ってきました。ですので、不動産やその他の資産についてのリスクとリターンについて深くお話することはありませんが、**投資の大原則としてはリスクとリターンは表裏一体**ということを覚えていただければ問題ありません。美味しい儲け話の裏には、相当危険なリスクが潜んでいますし、この世の中にうまい話は無いと思っておいた方が良いでしょう。あたかも、あなただけが知り得た情報かのように振る舞う、うまい話には長い人生で何度か遭遇するかもしれません。しかし、そういう投資話の裏には必ずリスクが潜んでいます。

投資に限りませんが世の中のことは基本的に「リスクとリターンは表裏一体」ということを是非心にとめておいてください。では、ぼくが普通の人でも自然体で臨めると考えている株式投資のリスクとリターンについてみていきましょう。一般的に株式投資はハイリスクハイリターンと言われています。では、どの程度ハイリスクでハイリターンなのでしょうか。

まずは株式投資をすると決心をしたら、短期ではゼロサムゲームに巻き込まれるだけですので、是非長期参戦してプラスサムゲームとしての株式投資に向き合ってください。そして、その長期とは最低でも10年以上続けることが目標となります。なぜ10年かと言うと、それなりの根拠があります。正しい方法で株式投資を続けていれば過去の統計を確認する限り、10年続けて投資したお金が減ることは歴史的にそうそうなかったからです。では、その正しい方法とはどのような方法かと言うと、それは徹底的に分散するということです。分散については後ほどお伝えしましょう。ですので、**株式投資をするにあたっては、最低でも10年以上がマスト**なんだなとご理解いただければ十分です。おぎゃーと生まれた赤ちゃんが小学4年生になる歳月です。長いと思うか、短いと思うかは皆さん次第です。

その上でまずはリスクについて言うと、株式投資と付き合う限りはいつでも資産が半分になる覚悟はもっておいてください。正しい方法で株式投資をしていても最悪いきなり資産が半分になる可能性は十分にあります。100年に1度の経済危機と言われた2008年のリーマンショックの時をみると、ちょうど世界の株式価値の約半分が短期間のうちに吹っ飛びました。これが株式投資をする上での感覚的なリスクです。

これを聞くと「まじか…半分とか…やばいからやっぱり怖い…やめとこう」となる方が多いかもしれませんが、しかしまだ諦めるのはお待ちください。先ほど触れたように、過去の統計を確認する限り、10年続けて投資したお金が減ることは歴史的に殆どありませんでした。ということは投資を始めて、次の日かもしれないし、1年後からもしれないし、5年後かもしれませんが、突如マーケットが大暴落して資産が50%吹っ飛んだとしましょう。しかし、その消失分はいずれ元に戻ります。大暴落を起こしても、じっと売らずに辛抱してそこから10年以上また持ち続ければ結局株式市場はいつも回復をしてきたのです。そして、その大暴落がいつくるのか、逆に急激な上昇がいつ来るのかは誰にも予想ができませんので、「いつ何時資産が半分になるかもしれないが、10年単位で考えれば戻る」という大局観を備えて株式投資に臨むことが重要となります。将棋も投資も大局観が大切です。

そして、最大で半分は吹っ飛ぶと認識していれば、じゃあそもそも株式投資に回すお金は○○円にしよう、というふうに人それぞれのリスクの取り方が見えてくると思います。ある人は瞬間的には最悪50万円損失が出てもいいから１００万円を投資する。ある人は、瞬間的でも50万円の損失は心が張り裂けそうだからその半分の25万円の最大損失までにしたい。なので、投資額は50万円にするといった具合です。こんなふうに、株式市場のリスクと向き合ってください。

一時的にでも資産が半分になるような投資に、日々の生活費を投じるのはあり得ませんし、日々の生活と少し先のイベントで用意すべきお金は、マーケットのように変動するところには振り分けないのが大事です。その上で、余剰の資金があればそのお金を株式市場に投じることをお勧めします。目的もなく貯金をしても仕方がないということをお話ししましたが、まさにそのようなお金が株式市場へ振り分けられるお金としては適切かもしれません。

リスクについての感覚的なお話をしたところで、次はリターンです。たとえ瞬間的にでも資産が半分になるような投資先に一体どんなリターンが待っているんだ、という疑問にお答えしていきます。ズバリそのリターンは平均して年間で+7〜8%の収益が見込めるということです。「え?半分になるような危ないものをやって平均でたった+8%?なんぼのもんじゃい!」という怒号が聞こえてきそうですが、ここもしばしお付き合いください。株式市場というものは当然一本調子に上がり続けるものでは無いですし、良い時もあれば悪い時もあります。その悪い時の最悪は一瞬にして50%程度の資産が吹っ飛ぶ可能性があることは既に指摘しました。しかし、そんな良い悪いを繰り返しながら株式市場は歴史的に、1年間の平均に換算すると7〜8%の成長を達成してきました。

こう聞くとしょぼく感じられるかもしれませんが、実は1年間に8%平均で資産が成長すると、9年くらいで資産は2倍になります。8%×9年だと=72%の上昇にとどまりそうですが、実は〝複利効果〟と呼ばれる効果で9年の収益率は72%ではなく約100%で2倍になります。100円の投資をしたとして、1年後は8%増えると108円です。収益8円ですね。ですが、

毎月1万円、1年で7.5%
30年続けるシミュレーション

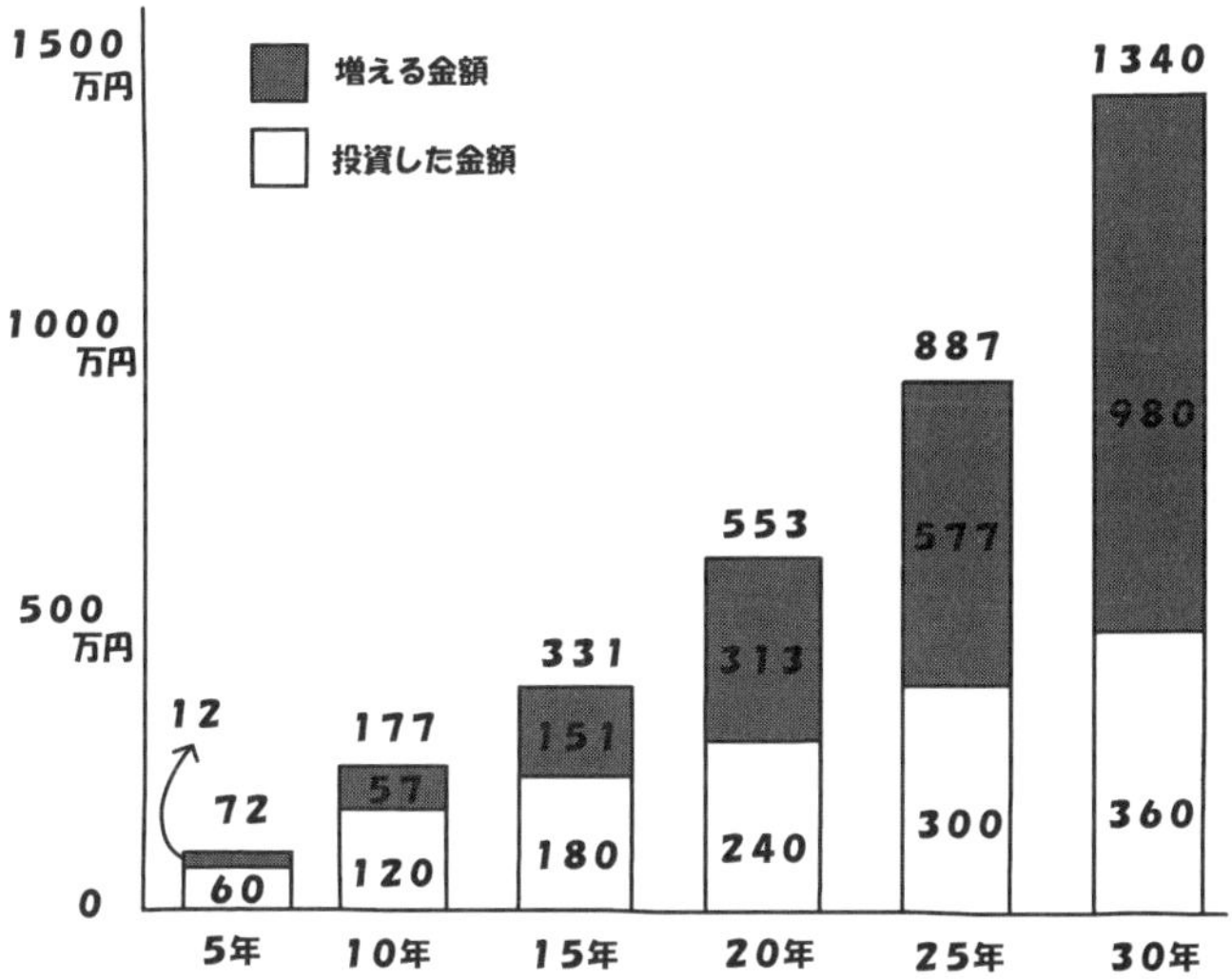

その108円をそのまま投資し続ければ2年目は108円×8%で約117円になります。2年目の収益は8円ではなく、9円になります。そんな塩梅でこれが9年間続くと毎年8%の収益でも資産が200円となり約2倍になるのです。

ちなみにこの複利効果を背景に、世界の株式市場は過去50年で約50倍以上にも成長しています。リターンにすると5000%以上。そういう意味では、大きなリターンを追い求めるためにも、資産を減らさないというリスク管理のためにも、10年以上ずっと持ち続けることが極めて重要です。そうして初めて皆さんもプラスサムである株式市場の恩恵を受けることができるのです。たかが8%されど8%なのです。ここまでの話は過去の統計から判断される客観的事実ですが、将来もそうなるとは限りませんし未来のことは誰にも分かりません。ですが、運用の世界ではこの株式市場の平均成長率は年間で8%という事実はとても重く受け止められており、その平均に立ち向かってそれ以上のリターンを生み出す機会を探っているのが投資のプロたちです。皆さんはプロになる必要もありませんし、リスクを理解した上で平均を目指すのが得策と言えます。

第5章のコラムで「運用のプロはいくら増やしたいか」というところでも触れましたが、運用の世界では世界中のエリートたちがこの年間8%という高い目標に日々挑戦し続けているのです。そして多くのプロたちはこの8%に勝つことができずマーケットを去っていきます。それほどこの8%という平均成長率はすごいのです。プロでもなかなか達成できないリターンを誰でも手にすることができる可能性があるのが、次に紹介する正しい株式市場への投資方法です。

分散投資

ここでは、先ほどまでに散々お伝えした〝正しい株式投資の方法〟について考えていきます。株式投資と言うと、ついつい○○株式会社に投資をして、その会社の業績が良いから投資した金額が○○倍になった！みたいなことが語られがちです。確かにそれはそれで株式投資なのですが、ここではお勧めできません。なぜかと言うと市場には大量の株式会社が存在し、それぞれが独自の動きをしながら全体のマーケットを形成しています。その中で例えば数社、これだ！と思えるような会社を見つけ出すことは至難の業であり、それこそプロの所業だからです。それはあくまでプロか、常に個別企業をウォッチし続けて絶えず決算や業績動向の分析などをできることが前提です。普通の人はそんな時間も無いでしょうし、そんなことに時間を費やす必要も無いと思います。よほど個別企業の分析が好きで好きで仕方ない、という方以外は、もっと人生を充実させることに時間を費やすべきです。

また、そのような行動を実行するためにかなりの勉強も必要です。その勉強を含めて金融リテラシーと表現する人もいますが、そんなものは本当に必要な金融リテラシーでも何でもなく、ただのマニアックな投資ノウハウです。多くの人の人生においては意味がありません。また、必死に分析して時間を費やしたからといって報われる訳でも無いのが個別企業に対する株式投資です。誰もがこの会社は絶対に倒産しない、潰れない、と思われてきた会社が追い込まれてきたことは歴史的に数多くあります。ですので、限られた会社に対する投資にはそれなりの覚悟が必要ですが、普通の人はそんな覚悟を持つ必要はありません。

ではどうするか。答えは簡単で、どの会社への個別投資が正解かはプロでも分析するのは難しいので、余計な判断をせずに可能な限り多くの株式会社への投資を行うということです。誰でも市場で売買できる会社のことを〝上場会社〟と言います。例えば、日本中の上場会社に投資をすれば〝可能な限り多くの株式会社への投資〟を実現したことになるでしょうか。答えはノーです。日本中などでは、全く多くありません。日本だけにとどまらず、アメリカもヨーロッパも南米も、アジアも、中東も含めて世界中のあらゆる株式会社への投資をすることが、ぼくの考える正しい投資となります。このような極力恣意的な判断を避けて可能な限り多くの会社へ投資することをインデックス投資と呼びます。インデックス投資は平均点を狙う投資です。インデックス投資は、日本版もあればアメリカ版もあり、そして世界版もあります。そしてその世界版である世界中への会社へのインデックス投資が前述の通り歴史的に、1年間の平均に換算すると7～8％の成長を達成してきました。日本だけの限られた市場にインデックス投資をしてもそのようなリターンは歴史的には得られませんでした。

また、このように可能な限り多くの株式会社への投資を行うことを、株式の分散投資と呼びます。そして、世界中の株式会社への投資のことを、特に国際分散投資と言います。ぼくは、このインデックス投資による国際分散投資が、資産形成における投資に大きな役割を果たすと考えています。浮き沈みはあるものの、10年以上のスパンで考えればそうそう元本は割り込まない可能性が高く、しかも平均で年率8%程度のリターンが期待できる。マニアックな投資ノウハウを手に入れるために膨大な時間を使う必要もありませんし、常にマーケットを見る必要もありません。投資できる余剰資金があればあるだけ国際分散投資を実行し、じっと売らずに持ち続ける。これだけです。そして気づいた時にはあなたの人生を助けてくれる可能性のあるお金となっているかもしれません。過度な期待はせずにゆったりと構えて、投資していることすら忘れて本当に自分の人生を豊かにするために時間や労力を費やすことができるのです。本当にお勧めです。

ちなみに、この国際分散投資ですが、多くは投資信託という金融商品を利用することで簡単に実現できます。投資信託にはありとあらゆる種類がありますが、その中でも私たちが投資対象とすべきは、株式の国際分散がされているインデッ

投資信託の仕組み

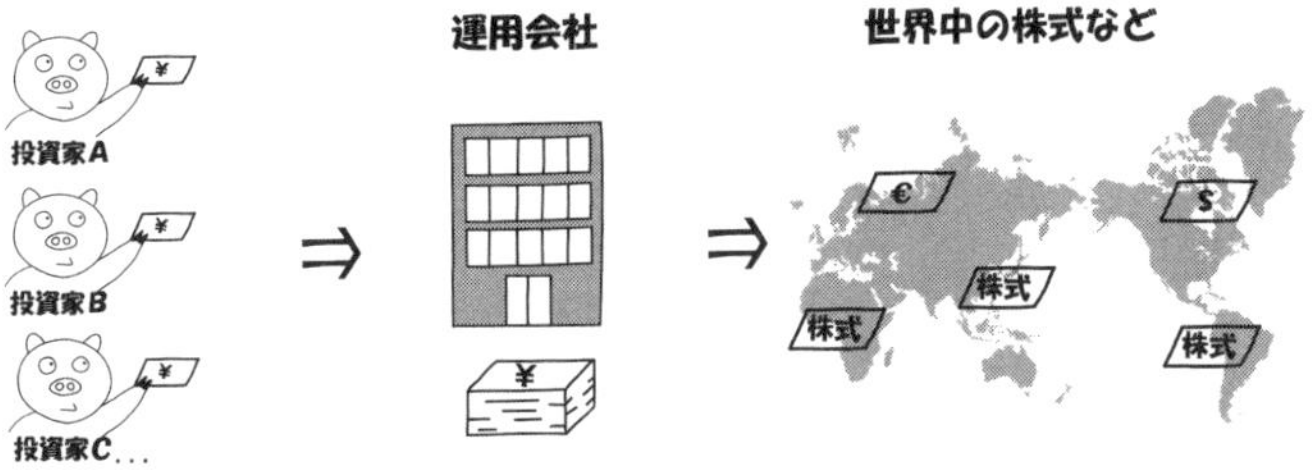

運用会社が個人投資家の代わりに世界中の株式などに投資してくれる

クス型の投資信託となります。

金融技術の発達により、そのような投資信託を利用すれば今では最低100円からでも世界中の企業への投資が実行できるようになりました。投資はもはや一部のお金持ちの特権ツールではなく、かなり開かれて民主化されていると言ってよいでしょう。しかし、一部のお金の持ちからはよくこんな意見が聞かれます。「例えば1億円を持っていて、投資で8％リターンがあれば800万円の儲けだが、10万円でやったところで儲けはたった8000円にしかならない。少額で投資をやっても意味がない」こんな意見を聞くたびにぼくは心の底からため息がでます。お前は金持ってるから8000円のことをゴミみたいに思っているかもしれへんけど、こっち側の8000円をなめんなよと思うのです。それぞれがお金の価値を判断し、やるかやらないかを決めれば良い話で、外野が〝お金が無い人がやっても仕方ない〟というのは本当にナンセンスです。ですので、株式への国際分散投資という、その開かれたツールを使うか使わないか、自分の人生を豊かにするために本当に必要なのかをじっくりと検討してみてください。

◇第8章のまとめ

■資産形成は貯蓄＋投資で達成できれば良い。
■株式投資は様々な価値を生み出す可能性があり、長期的にはプラスサム。
■リスクとリターンは表裏一体。
■株式投資は日本に限らず、世界中の株式会社へ徹底して分散するべき。
■世界中への分散投資は、投信信託で簡単に実現できる。
■株式での国際分散投資によってリターンは平均で8％の成長を期待でき、それが複利効果で増える。
■株式での国際分散投資は資産が半減するリスクもあるが、10年以上続ければ回復する可能性が高い。
■投資は選択肢として持てることが重要で、実行するかどうかはその人次第。

コラム　マーケットあるある

突然ですが、あなたは米国株式を売買するトレーダーです。ある日、次のようなニュースが飛び込んできました。

ニュースの内容：「米国市場においてかなり悪い内容の雇用統計が発表されました。これは米国経済の一段の厳しさを示唆しています。」

なんだか微妙な内容のニュースですね。さあ、あなたがトレーダーだとしたら、どうするでしょうか？

①　米国株式を買う。　②　米国株式を買わない。

さあ、どっちの投資ショー!?という具合にしょうもないクイズを作ってみました。直感的には、経済が悪くなる兆候があるのだから、株式市場も下落しそうです。ですので当然②の買わない。が良さそうです。買ってしまったら下がりますからね…。

ということでさらっと考えていただきまして、答えの発表です。実は、答えはどちらも正解になるかもしれない。何ともスッキリしない結論で本当に申し訳ございません。こちらとしても遺憾の意を表します…。なぜ答えがはっきりしないのでしょうか。これは実際に2020年の12月頃のニュースなのですが、その時に株式市場はどう反応したかと言うと、これを良いニュースだと受け止めて株価は当時の史上最高値を更新しました。なぜ?と思いますよね。その理由はこうです。「低調な雇用統計を受けて、政府からのさらなる市場への追加支援期待が高まったから」らしいです。もう無茶苦茶ですよね。そんなもん知るかいなとツッコミたくなります。

でも一方で、過去に同じようなニュースが2020年の4月に発表されましたが、その時は市場は大きく下落しました。理由は「経済情勢の先行きが不透明感を増して、リスクを警戒する動きが広がった」とのことです。いやいや、政府の支援あるんちゃうんかい。とまたもやかぶせてツッコミをしたくなります。

実はこれが〝マーケットあるある〟で、同じような内容のニュースなのにそれを市場参加者たちがどう受け止めるかによって結果は玉虫色に変わります。マーケットの中で起こる現象は様々な思惑で動いており、AとなればBとなる、ということはありません。解釈自体でいくらでも結論が変わります。なので、予想しても仕方ないし、その解釈のために難しい経済理論やマーケットの原理、金融経済の専門的な知識を手に入れたところで、普段からマーケットに関わらない人にとってはあまり意味がありません。したがって、この章でも触れたようにやはり世界中の株式市場への平均的な投資が、何も考える必要が無く合理的なのです。

余談ですが、ぼくは運用会社と呼ばれる運用のプロたちが働く環境に長年身を置いてきましたが、ぼくの印象では、そんなプロたちは自らのプライベートな資産をあまり運用していない、もしくは、していてもインデックス投資が多いように感じます。マーケットに深く向き合って日々その難しさを体感しているプロだからこそ、平均への投資であるインデックス投資の偉大さを理解している証左かもしれません。本当に自分たちがプロフェッショナルで市場平均に勝つ自信があればそんなことをするはずがありません。一部の海外の運用会社では、自分が担当する金融商品に自身の自己資金や給料やボーナスの一部を強制的に組み込まなくてはならない等の決まりもあり、危機感を持って必死に仕事をしている本当のプロも多くいますが、日本の大手運用会社ではあまり聞きません。自分の担当している金融商品の成績が振るわなくても痛くもかゆくもないのです。それはなんだかずるいですよね。

まあ、その話はさておき、とにかく合理的な投資方法であるインデックス投資には高度な知識も、卓越した運用スキルも必要無いのです。

第9章

幸せな人生とは

お金と幸せ

この本の冒頭で金融教育の本質的な意義は、それぞれの個人が幸せな人生を送るためのサポートツールになることだ、とお話しました。ということで、この章では〝お金と幸せ〟をテーマに話を進めていきます。そこでこんな質問を。「皆さんは年収をいくら稼いでいれば幸せでしょうか」

難しい問いだと思います。基本的に年収が多ければ多いほど幸福度が上がる傾向があることは知られています。これは直感的に、当たり前という感じですかね。あるアメリカの研究結果では、年収が上がれば上がるほど幸福度はそれに比例して上がっていくらしいのですが、約7万ドルの年収を境に、それ以上年収が上がっても幸福度が上がりにくいという結果が示されています。

この7万ドルですが、日本に置き換えるといくらくらいでしょうか。為替や物価水準など考慮すべき変数が多く難しいですが、日本で考えるとおおよそ年収600～800万円と推定できます。どうでしょうか。年収600～800万円。2023年時点での日本の平均年収が400～500万円くらいですから平均より一段上なイメージですね。アメリカの研究結果にならえば、この年収600~800万円くらいまでは、年収の増加に比例して幸福度は増していきますが、それ以降は年収が上がっても幸福度は頭打ちの傾向があるということです。これはあくまで傾向の話ですが、多くのお金を稼げば稼ぐほどその分幸せな人生を送ることができるとは限らないことを示唆しています。

かく言うぼくも実際にそういう経験をしました。若い頃は年収を上げるために、お金のために必死に頑張って仕事をしていたという話をしましたが、確かに新卒で年収300万円くらいの時代から毎年年収が増えていく過程では充実した生活を送っていたように思いますし、幸福度も年収に比例して上がっていった感覚があります。しかし、ある一定の水準に年収が達すると、それ以上は年収が増えたからといって幸福度が増したかどうかは分かりませんでした。増える年収に比例して抱えるストレスや、様々な悩みを持ちながら仕事をしていたように思います。高い収入を手にする代わりに私生活でも仕事に多くの時間を割いていました。自分一人だけの生活では大きな問題は無いのですが、その頃には家族がいました。子どもとの時間、家族との時間を犠牲にしてまでこの収入を維持する必要があるのかという自身への問いは常に持ち続けました。

このように人によって色々な年収と幸せの関係があると思うのですが、いつかは年収と幸福度が見合わない場面がくるかもしれません。そのポイントを自分で認識することで、幸せな人生を送ることができる確率がぐっと上がります。〇〇円以上は無理して稼がなくても、自分は幸せに生きていけると認識出来た瞬間、その〇〇円が労働のモチベーションになりますし、その〇〇円の目標に達するまで頑張って働く。そのために自分への投資をする、という良いサイクルが生まれるはずです。そして、目標を達成したのであれば、あとは仕事の比率を下げて自分の人生を豊かにするために何が必要かをゆっくり考えればいいと思います。勿論仕事自体がやりがいで生きる喜びの人もいるでしょうから、そのような人は引き続き仕事に邁進して年収のことは関係なく自分の人生の幸福度を上げていけばよいでしょう。

大事なメッセージは、**年収が高いからといって幸せな人生を送ることができるとは限らないし、人より年収が少なくても、その人はその人の考え方一つで幸せになる権利がある**ということです。年収600～800万円が一つの目安になるということを言いましたが、それは人それぞれでかなりバラツキがあるはずです。同時に、一定のお金が無いと生きていけないことは事実ですし、そのためにしっかりと働く必要は絶対にあります。子どもたちには、大人として年収に関わらず充実して働いている姿を見せることができると素敵ですね。

一方で、様々な事情で幸福度を最大化してくれる年収ポイントまで頑張って働くことができないことも勿論あります。そもそも頑張っても不遇な環境から抜け出せず収入が思うように上がらないこともあります。その場合は、無理をせず現状を受け入れ、意図的に幸福度の沸点を下げられることができれば、かなり自分自身が楽になるはずです。そのように**幸せの沸点を下げるためには、改めて自分と他人を比べないことがとても重要**になります。お金と幸せはある程度まで関係があるけれど、それ以降はあまり関係が無い。他人と比べず自分だけの軸をしっかりと持つことが大事だと子どもたちに伝われば良いかもしれませんね。

価格と価値の違い

幸せな人生を送るために、もう一つ大事なお話があります。それは価格と価値の違いです。一般的には高い価格がついているものの方が価値は高いとされています。人によっては価格と価値は同一だと思われる方もいるかもしれません。ですが、幸せな人生を送るために、この価格と価値の違いを明確にする必要があります。端的に言うと、**必ずしも高い価格が高い価値をもたらすとは限らない**、ということです。例えば、ぼくはお酒が好きで、基本的にビールをよく飲んでいます。昔からアサヒのスーパードライが大好きです。父親の影響もありずっとスーパードライ。

〝男は黙ってスーパードライ〟という矜持で生きています。それはさておき、今現在スーパードライを酒屋さんで買うと缶ビールで1本200円くらいです。同じビールを居酒屋で飲んだとしましょう。缶ビールと同量だとして、東京の平均的な居酒屋価格で一気に600円くらいに跳ね上がります。紛れもなくどちらもモノとしては同一で量も同じのスーパードライだとします。ではなぜ一方は200円で一方は600円なのでしょうか。色々な理由が考えられますね。ここでその理由について深くは考察しませんが、あなたならどちらのスーパードライに価値を見出しますか。お酒を飲まれない方でしたら、ジュースで考えてもらっても大丈夫です。600円だから当然、居酒屋で飲むスーパードライの方が価値が高いでしょうか。それとも、どちらの価値が高いかは時と場合によるでしょうか。

例えば、めちゃくちゃ仲の良い気心の知れた仲間で飲む居酒屋でのビールなら全然600円でも高く無いと感じるかもしれません。とても楽しく飲めるビールです。その場合は家で一人で飲む200円のスーパードライよりも価値が高い可能性があります。しかし、その飲み会のメンバーが自分にとって微妙なメンバーだったとしたらどうでしょうか。もしくは、仕事の付き合いでかなり苦手にしているお客様との会食だとしたら。そうなるともはや家で一人で気楽に飲んでいるスーパードライの方が美味しいに決まっていますよね。その場合は、200円のスーパードライの価値が、600円のスーパードライの価値を上回ってしまうことになります。価格と価値の逆転現象です。

こんな例もあります。ぼくのうちの近所に一粒1000円近くするチョコレート専門店があります。そしてその近くのコンビニで100円程度のチョコレートが売られています。コンビニの100円チョコレートは普段よく買うのですが、そのチョコレート専門店の1000円のチョコレートも一度食べてみました。しかし、恐れていたことが起こってしまいます。高級チョコを食べても100円のチョコレートに対して、10倍美味しいかどうかが分からずその価値を判断できなかったのです。価格と価値が正比例しているのであれば、1000円のチョコレートは100円の10倍美味しくあって欲しいところでしたが、ぼくの場合はそう感じませんでした。

食べ物以外でも何でもいいです。食器や家具でも自転車でも、旅行でも、身の回りのものからイベント事まで、価格と価値を正当に評価するということはとても難しい作業です。なぜ難しいかと言うと価値の決定には人それぞれの捉え方が影響してくるからです。ですので、場合によっては低い価格でも大きな価値を感じることもあるでしょう。そして基本的には、**低い価格で大きな価値を感じられるのは、お金と向き合う上で強力な武器になります**。先日、京都に行った際に予約したホテルは1泊朝食付きで9000円だったのですが、とてもきれいなお部屋で朝食も神レベルで美味しかったです。何より朝一番で大浴場に行った時のことです。結構な大きさのお風呂だったのですが、時間帯のせいもあってか、まさかの貸し切り状態。広いお風呂に贅沢にも自分だけ。どこかの王様にでもなった気分を味わい、本当に幸せをかみしめました。価格と価値の違いをうまく見つければ、1万円以下で美味しい食事に大きな風呂を貸し切りで使えるなど、王様になった気分まで味わえるのです。お金が無いから贅沢な経験はできないと決めつけるのは早計かもしれませんね。

人生、ただ生きているだけでそれなりのお金がかかってしまいますが、価値をしっかりと見極めて、払うに値する価格なのかを考える習慣が身についていて、しかもラッキーにも低い価格でも大きな価値を感じることができればお金と向き合う上でかなりの強みになります。ここで注意していただきたいのは、何もかも節約をして、貧乏生活でも幸せを感じることができるようになれ、と言っている訳では無いということです。10万円払ってでもどうしても得たい価値のあるものであれば、気持ち良く払いましょう、ということも同時に思います。要は自分がその価格に見合う価値があると判断してお金を投じるかどうかが大事です。必ずしも価格の高いものが、あなたを幸せにしてくれるとは限らないという事実は押さえつつも、それぞれの価値観で、しっかりと価値を判断して妥当だと思えることには納得してお金の使うことが大事。そういうことです。

一見、表面だけみると何ともせこい考えのように思えるかもしれませんが、実はこれも立派な金融的発想です。日々マーケットで戦っている投資のプロたちは、世界中の会社を分析して、いかに高い価値（企業価値）のある会社を安い価格（株価）で買えるかを見ています。そもそも金融の世界では、価格と価値はミスマッチを起こしているという前提に立つことが多々あります。これはせこい考えでも何でもなく、「同じ価値のものならできるだけ低い価格で」という極めて合理的な考え方です。

ぼくは大学生の頃からあまり金銭感覚が変わっていないとよく古い友人に言われます。自分でもある程度はそう思います。自分の中で、価格と価値を意識してお金を使うことを実践していると自然にそのような金銭感覚になりました。その感覚は身に沁みついているので、これからも変わらないと思います。そうすると必然的にベースの生活コストは高くなることはありませんし、そのおかげで逆にいざという時にお金を使うことができる余力も持ち合わせています。自分や家族にとって非常に価値あるものが目の前に転がっていて、そこに大きなお金を使いたいという場面が来たら躊躇することなく突撃するでしょう。プロの投資家も同じです。いつくるか分からない好機に備えて、普段から徹底的に価格と価値のミスマッチと向き合っているのです。

価格に見合う価値なのか…という考え方は大人の導き次第で、子どもたちにも習慣づけることは十分可能です。ゲーム好きの子どもであれば、999円で買ったゲームソフトを300時間以上やることもあれば、5000円のソフトは20時間しかやらない。なんてこともあるかもしれません。そうなると大人としては絶好のチャンス。価値と価格の説明の出番です。

小さい頃から積極的に、価格と価値のことを考えてお金を使うということを意識することによって、将来しっかりとしたお金の使い方ができる大人になっているのではないでしょうか。

自分だけの基準を持つ

ここまで色々な話をしてきましたが、中にはこんな印象を抱いている方もいるのではないでしょうか。「所詮は余裕のある人間（ぼく）が、お金について余裕のある立場から勝手な言葉遊びをしている」と。正直なところ、ぼくは幸運にも明日食べるものにも困っていませんし、普通に暮らせる家にも住んでいます。一方で、今は自分で立ち上げた事業はまだまだ道半ばであり、客観的に見てぼくの今の状況が良いのか悪いのか、判断は難しいところです。しかし、一つ確実に言えることがあります。それは、ぼくは今、自分の人生に対して〝何とかなる〟、と楽観的に思っているということです。会社員時代の同僚たちは、お金大丈夫なの？ 生活できるの？ などと心配してくれます。

しかし、とても大事なことがあります。ぼくはお金のことについては、**自分だけの基準を持ってなるべく他人と比べないようにしようと意識**しています。また、価格と価値の違いを常に意識した結果、あまり金銭感覚が変わらず生活コストが低いのはお話した通りです。**端的に言うと、お金について人と比べず、生活コストが低いとかなり生き易いです。**生活コストが低いので、最低〇〇円あれば生きていける、という謎の自信が自分に湧いてきて、それがぼくを楽観的にさせて、自分の人生に対して〝何とかなると思っている〟状態にさせてくれます。

ぼくがお金について人と比べないようになれたのは会社員時代の30歳を過ぎた時くらいだったと思います。あの人に比べて、自分の方が成果を上げているのに自分は出世できない、給料があがらない。あの人は全く働かないのに高給取りで、なぜあんな良い家に住んで、良い車に乗っているんだ？ 自分の方がどうのこうの、ぶつぶつ…etc…。などと仕事とお金にまつわる不毛なひがみや妬みを常に抱えて生きていました。そのような負の感情が仕事をさらに頑張る原動力になることもありましたが、所詮は負の感情。ポジティブな感情でする仕事には及びません。そして、ある日お金に関しては、全てに関して自分は自分、人は人、世の中そういうもんだと割り切るようになりました。その瞬間、誰がどんな仕事をして給料をいくら貰っているかなど、どうでも良くなりました。そんなことより自分が幸せに生きていくためのお金に対して全ての照準を合わせるようになりました。他人はどうでもいいのです。それ以降色々なことが楽になりました。恐らく会社員時代の同僚からすると、今のぼくは収入の面でみると〝人生、何とかならない人〟の可能性が高いです。しかし、ぼく自身が〝人生、何とかなる〟と思っていればＯＫなのです。そういうことです。

毎日、１杯５００円のコーヒーを優雅に飲んで東京丸の内でシュッと仕事をする人と、１リットル１００円のコーヒーを量販店で買い込んで雑居ビルのシェアオフィスで仕事をしているぼくを比較しても仕方がないのです。無理に比べることに意味も感じませんし、しんどくなるのは明白です。ですので、５００円コーヒーではなく、１００円の身近な幸せを選択しています。それがぼくの基準です。このように人それぞれで、独自の基準をもってお金に接してみてください。そして決して人と比べない。比べた瞬間、そこにはそれこそ不毛な無限のデスマーチが展開されます。600万円稼いでも、1000万円稼いでも、2000万円稼いでも他人と比べている限り終わりはないはずです。それぞれのステージには自分と同等か、それ以上の猛者がごろごろいて、常にそことの比較をしていては心は安らかにならないでしょう。それで燃えるタイプの人はいいのですが…。ですので、**「所詮は余裕のある人間が…」というのは良く分かりますが、そんなことは気にせずお金に対して自分だけの基準を持って働き、お金を稼ぎ、そして余力があり尚且つ金融商品への投資に興味があれば国際分散投資をして、自分の人生の選択肢を広げる。**そうすることで精神的な安定にも繋がります。稼ぐお金が人より多くても少なくても、投資する額が多くても少なくても関係ありません。自分が納得してやっているかどうかが大事なのです。

貯金も投資もいつかは終わりを迎える～出口戦略～

どんな人間でもいつか人生を終えます。人生を終えてしまえばいくら貯金をしていようが、いくら投資をして莫大な金融資産があろうが、もうこの世界にはいないのですから本人には関係がありません。ぼくは基本的には人生を終える出口に合わせて徐々に金融資産は減らしていくべきだと考えています。自分の人生を全うした時に、子どもや家族のためにできるだけ多くの資産を残してあげたいと考える人もいることは理解できますが、まずは自分の人生を最大限豊かにすることに全力投球すべきです。仮に子どもや家族のためにできるだけ多くの資産を残すことで、自分の人生も豊かになるという考えであれば、自分の人生の終焉を待たずに今すぐにでも大切な人に金融資産をあげてください。その方がお互いにハッピーなはずです。子どもも家族も老いてから貰うお金より、可能な限り早く貰うお金の方が意味があるはずです。

とにもかくにも自分の人生の終わりを迎える時に、貯金も投資もしている必要は無いのです。いつ自分の人生が終わりを迎えるかは誰にも分からないことですが、平均寿命で設定してみたり、90歳で設定してみたりと長めに保守的な時間軸を設定してみるのが良いでしょう。ちなみにぼくは父が71歳で亡くなりましたので、何の根拠もありませんが自分も71歳で死ぬ想像をしています。もしかしたらもっと早く死ぬかもしれませんし、もっと長生きするかもしれませんが…。

自分が何歳で死ぬかをイメージできたところで、今までこの本で語ってきたことの総復習です。**まずは今の自分は一体どれだけの生活コストで幸せに生きていけるのか。そのためにはこの先どれだけ働く必要があるのか。今やっている仕事には満足しているのか。満足しているならこのまま仕事を頑張ることで全く問題無いし、不満があるならいつ辞めるのか。環境を変えるために転職をするのか。そのために必要な準備はできているか。**

仕事自体に未来を描けない場合もあるでしょう。その場合は、将来きっぱり辞めるために今から給料のうちどれだけ貯金をしていく必要があるのか。遠い将来、貯金だけでは不足しそうなら株式の国際分散投資を検討するかどうか等々、色々な考えを巡らせてください。全てはお金を増やすためではなく、いかに自分の人生が幸せになるか、のためだけです。

少しぼくの話をさせていただくと、15年以上前にぼくは社会人になって国際分散投資の威力に気づき、それ以来使い道の無いお金を全て金融商品への投資にあててきました。山あり谷ありでしたが、今しっかりと増えています。それが今の自分の人生への精神的安定剤になっています。その安定剤があったから、会社員を辞める決断ができたかもしれませんし、自分の人生の選択肢がかなり広がったと認識しています。正しい金融商品への投資を実践すれば、すぐにとはいきませんが長い時間をかけて、きっと人生の味方になってくれると信じています。だからと言って全ての人に投資をした方が良いと勧めることはありませんし、投資にはリスクが付き物です。投資をしなくても人生を豊かに生きている人であればしない方が良いのは明白です。そういうお前はがっつり投資しとるやないか、というツッコミが聞こえてきましたのでここでお答えすると、ぼくもそろそろ投資をやめることを考えだす時期かなと思っています。

ぼくが投資をしている理由は無尽蔵にお金を増やしたい、できる限り多くの資産をもって精神的安定を得たい、ということではありません。71歳で死ぬ自分を見据えて、今の自分の生活コストを考えて、人生の終わりまでお金のことで惑わされず生きていけそうだと判断したら、徐々に投資をやめていくつもりです。先ほども言ったように、**ぼくは国際分散投資の長期での有用性を信じていますが、短期ではどうにもコントロールできないと思っています。そのコントロールできないお金を高齢で沢山持っていても不安だろうと想像しています。**したがって、ぼくのリスク資産である金融商品は71歳に近づくにつれ、いずれゼロになるはずです。そのような金融商品は当然、リスクの無い現金、貯金に振り分けられる訳ですが、これも前述の考えの通り人生最後の瞬間に持っていてもしょうがないので、徐々に使って減らしていくでしょう。

最後のメッセージ

何度も話をしたように思いますが、お金はとても重要なものですが、究極的にはただの手段です。手段であって目的ではないのです。最後の最後に手段としてのお金を不必要に持って、そのためにそれまで無理に節制したり、投資を続けたりというのは本末転倒だと思っています。ここは子どもたちとも是非共有したいポイントだと強く思っています。頑張って働き、貯金をし、投資をし、精神的安定を得るのは重要ですし、実際にそれが人生の幅を広げる可能性があることはぼく自身が身に染みて思う所です。一方で、その精神的安定を求めすぎて、無駄な貯金や投資を追い求めるあまり、過度なリスクを取ったり、お金という安定剤のために働きすぎたり、注意すべきこともあります。

死ぬ時にはお金なんかあっても仕方ない、貯金も投資もいつかは終わりを迎えるんだ。という大局観を子どもたちと真剣に話し合ってみてください。また、お子様がいらっしゃる現役世代の方々には是非頑張って働く姿を子どもたちに見せてあげてください。大人たちがお金に振り回されず、充実しながら働く姿を見て子どもたちも自分の未来に希望を抱くことでしょう。ここまで書いて、やはり**小手先の投資テクニックなどは金融教育の本質ではないと確信を持ちました。何より大事なのは大人がしっかり働いて対価としてのお金を得る姿を子どもに見せて、周りに振り回されず、自分の意思で貯金や投資が必要かどうかを判断する。その結果、幸せな人生を歩んでいるんだよと、示してあげることが本当の金融教育だと言えます。**皆さんが幸せな人生を送るために、この本が少しでもお役に立てるならば、著者としてこれほど幸せなことはありません。

◇第9章のまとめ

■ある一定以上の年収になると、年収と幸福度の比例関係は無くなる。

■自分にとっての価値と価格の違いを理解する。

■必ずしも価格の高いものが、自分を幸せにしてくれるとは限らない。

■お金にまつわることは他人と比べず自分だけの基準を持つと楽になれる。

■人生の終わりを意識して、貯金と投資の出口を考える。

コラム　ニートの友人

　ぼくにはニートの友人がいます。高校・大学と同じ学校で学び、そして彼は今ニートです。彼のニート歴は長く、事あるごとに働きたくないと言っています。さすがに経済的にどうしようもなくなり、たまに就職したりアルバイトでつないでいるのですが、一瞬目を離した隙にすぐにニートになっています。そんなニートの友人なので、しっかりと貧乏でいつもお金が無いと言っています。現在、彼は大阪に住み、ぼくは東京に住んでいるのですが、1年に1度のペースで彼は夜行バスに揺られて東京に遊びに来ます。その時は、お金が無いので決まってうちに泊まります。そして3食昼寝付きでダラダラして過ごし、ぼくの家族と団らんし、ぼくの子どもと、とても仲良く遊びます。ぼくはその友人を見て、いつもこう思います。「こいつ働いてへんし金無いのに、ほんま人生楽しそうやなあ」と。その友人はいつもニコニコして、お金がないお金がないと言いつつとても人生を謳歌しているように見えます。ぼくより何倍もアクティブですし、フットワークも軽いご機嫌野郎です。

　彼とは仲が良いのでストレートにこう聞いたこともあります。「働いてもないし金も無いのに、将来不安にならへんの？どうすんの？」すると友人はこう答えます。「いやー、やばいやろー。

基本しっかり金無いし、めっちゃ不安やし人生やばいわー。でも働くの嫌やしなあ。あ、ごはんおかわりしていい？」こんな調子です。そう答える彼はいつも笑顔で冗談を言い、楽しそうにちでタダ飯を食べます。

この金欠ニートを見て、普遍的な疑問を抱きます。「本当の人生の勝ち組は誰なんだろう」と。お金をもっていても苦悩する人がいる一方で、彼のようにお金もなく仕事もしていなくても楽しそうに生きている人もいる。人は生きているとお金にまつわる色々な苦しいこと、悩み、困難に遭遇します。ぼくも例外なくそのような経験をして、失意のどん底に落ちた時期もありました。そうすると生きる気力すら奪われる瞬間がありました。しかし、ニートの友人はどうでしょうか。口ではお金が無いし大変だと言いつつ、いつ見ても楽しそうにニコニコ笑い、人生を謳歌しています。その目に遠い将来の不安などは映っておらず、とりあえず今この瞬間楽しいことが何より幸せと言わんばかりです。

翻って、金融教育の究極の目標は何だったでしょうか。それぞれの人が幸せな人生を送るための一助となることです。ニートの友人は、専門的な金融知識もなければ、そもそもお金もなく、投資などもってのほかです。しかし、幸せに生きています。この事実をどう捉えれば良いのでしょうか。お金は幸せになるためのただの手段であり、目的ではないことは繰り返し述べてきました。手段であるお金に縛られずに自分だけの価値観で幸せに生きる。これができているのであれば、もう100点満点ではないでしょうか。収入がどうとか、将来がどうとか、金利がどうとか、株価がどうとか、もはやどうでも良くなってくる感覚さえあります。

良いサンプルなのかどうかは全く分かりませんが、実は自分の子どもには彼の生き様を見習ってほしいと思っています。「生きる上でお金は確かに大事だけれども、お金がなくてもこんなに笑って楽しく生きてるおっさんがいる。ぼくも人生つまずいても、なんとかなるかな。」こんなふうに思って自分の子どもには人生を歩んで欲しいですし、全ての子どもたちにも同じようにお金で苦しまない人生を歩んで欲しいと心から願っています。

あとがき

自分の考えを本にしてみよう。そう思ったのは2023年の夏頃でしょうか。当初は本の企画も迷走しており、巷に溢れるマネー系の本と差別化することは本当に難しいと感じながらの企画立案でした。そして、いつも支えてくださる周りの方々にアドバイスを頂きながら、自分なりに考えを整理してできた企画がこの本の原点でした。この場をお借りして、家族、福井さん、後藤さん、松平さん、京井さん、金田さん、パパ友の皆さん、ママ友の皆さん、ニートの友人、メオさん、そして日本橋出版の大島さんには心から感謝申し上げます。

ぼくが代表を務めるおかねマネージは、子ども向け金融教育を主力事業としています。事業活動の根底には、今まで培ってきたものをぼくなりに社会に還元しつつ、特に子どもたちの未来のために貢献したいという想いがあります。この本を形にする時も、結局はその想いが強く、大人も学べて子どもへの学びにもつながる本にしようということになりました。構成としては、まずは大人の方に学んでいただき、その学びを子どもたちへと伝えていただければ嬉しいな…ということで、タイトルは「子どもとお金の話をしよう」にしました。

読んでいただいてどうだったでしょうか。稚拙な文章のオンパレード、知性が全く感じられない等身大以下の表現、結局何を言いたいのか分からない等々、色々な感想があるかと思います。ぼく自身は文学部を卒業しているにも関わらず文才も無く、内容には退屈な所もあったかもしれません。しかし、全体を通してたった一つでも読者の方に刺さるものがあれば、この本が生まれた意味があったのではないかと思います。

また、最後まで読んでいただいた方にお願いがあるのですが…良いでしょうか。もしこの本を通して一つでも刺さった部分があれば、それを子どもたちへ率直に共有していただけないでしょうか。おかねマネージとして、子ども向け金融教育の事業を始めて早3年…手応えを感じることがある一方で、まだまだ力の無さを感じる場面が多くあるのが現実です。そうしたぼくの不甲斐なさをこの本に補完してもらい、さらに皆さんに補完していただくことで、とても心強くなります。

将来の日本や世界を担っていくのは我々であり、次の子どもたち世代です。その子どもたちが将来、お金のことが原因で人生を諦めたり絶望したりすることが無いよう、しっかりと我々大人もお金と向き合い、子どもとお金の話をしていくことが重要だということを常々感じています。そうして、お金に縛られない思考を大人と子どもでお互いに醸成していき、最終的に大人も子ども、誰一人お金を理由に不幸にならない世の中を作っていけるよう、この先も皆さんと一緒に歩んで行くことができれば、こんなに幸せなことはありません。

最後までお付き合いいただき、本当にありがとうございました。

２０２４年６月、東京の雑居ビル事務所より。

木岡 克幸（きおか かつゆき）

おかねマネージ株式会社　代表取締役

1984 年 大阪府岸和田市生まれ
2007 年 同志社大学文学部英文学科卒
新卒で証券会社に入社後、モルガンスタンレー、みずほ、UBS 等の外資系・日系大手金融機関にて投資運用業務に従事。2021 年独立、金融教育を主力事業とするおかねマネージ株式会社を設立。
基礎自治体の小・中学校や学校法人、企業等幅広いチャネルに独自の教材やプログラムを提供。知識の詰め込みではない楽しくオリジナリティのあるプログラムを多数展開し、主に若年層向けの金融教育に取り組む。
私生活では小学生の父親でもあり、これからの時代を担う世代に対して深い想いを持ちながら日々活動を続けている。

本著のご感想、金融教育に関するご相談などお気軽にご連絡ください。

会社 HP：https://okanemanage.com/
インスタグラム：https://www.instagram.com/okanemanage/
X：https://x.com/okanemanage

〈会社HP〉　〈インスタグラム〉　〈X〉

カバーイラスト　Okuta
カバーデザイン協力　ララスー・デザイン

子どもとお金の話をしよう

2024 年 10 月 18 日　第 1 刷発行

著　者――― 木岡 克幸
発　行――― 日本橋出版
〒 103-0023　東京都中央区日本橋本町 2-3-15
https://nihonbashi-pub.co.jp/
電話／ 03-6273-2638
発　売――― 星雲社（共同出版社・流通責任出版社）
〒 112-0005　東京都文京区水道 1-3-30
電話／ 03-3868-3275

ISBN 978-4-434-34665-1
落丁・乱丁本はお手数ですが小社までお送りください。
送料小社負担にてお取替えさせていただきます。